Dante Alighieri

LA DIVINA COMMEDIA
PER STRANIERI

– Inferno –

B1+/C2

Marco Marino
Domenico Palumbo

EDILINGUA

Dante Alighieri

LA DIVINA COMMEDIA
PER STRANIERI

– Inferno –

I edizione: marzo 2020
ISBN: 978-88-99358-70-9

© Copyright edizioni Edilingua
Sede legale
Via Giuseppe Lazzati, 185 - 00166 Roma
Tel. +39 06 96727307
Fax +39 06 94443138
info@edilingua.it
www.edilingua.it

Deposito e Centro di distribuzione
Via Moroianni, 65 - 12133 Atene
Tel. +30 210 5733900
Fax +30 210 5758903

Impaginazione e progetto grafico: Edilingua
Redazione: D. Ciolfi, A. Bidetti, S. Manfrecola
Illustrazione copertina: F. Rivolli

Domenico Palumbo si occupa di studi di italianistica al Sant'Anna Institute di Sorrento, presso cui tiene corsi di *Italian Language and Literature* e per conto del quale è panelist abituale all'AAIS (American Association of Italian Studies), AATI (American Association of Teachers of Italian), CAIS (Canadian Association for Italian Studies) e MSA (Mediterranean Studies Association). Si occupa di Dante, dell'Alto Medioevo e di didattica della letteratura. Tra le sue ultime pubblicazioni *La Medea di Pasolini: un film sulla doppia alienazione*, in *Representation of the Mediterranean by Insiders and Outsiders*, Bordighera Press, 2020; *Giustizia e legge nello "Spaccio de la Bestia Trionfante"*, Forum Italicum, 2019.

Marco Marino è Direttore Accademico presso il Sant'Anna Institute di Sorrento. Docente di Storia italiana e Storia del cinema italiano presso lo stesso istituto, dal 2014 è co-organizzatore del Convegno annuale su Donne e Mediterraneo in collaborazione con il College of Holy Cross (USA), nonché co-editor dei volumi da questo derivati (Carabba 2016, 2018, 2019; SEF 2017). Particolarmente interessato alle tematiche della interculturalità e, più in generale, dei Cultural Studies, è regolarmente chair e panelist in conferenze di settore come AAIS, AATI, CAIS, MSA.

Gli autori apprezzerebbero, da parte dei colleghi, eventuali suggerimenti, segnalazioni e commenti sull'opera (da inviare a redazione@edilingua.it).

Tutti i diritti riservati.
È assolutamente vietata la riproduzione totale o parziale di quest'opera, anche attraverso le fotocopie; è vietata la sua memorizzazione, anche digitale su supporti di qualsiasi tipo, la sua trasmissione sotto qualsiasi forma e con qualsiasi mezzo, così come la sua pubblicazione on line senza l'autorizzazione della casa editrice Edilingua.

L'editore è a disposizione degli aventi diritto non potuti reperire; porrà inoltre rimedio, in caso di cortese segnalazione, ad eventuali omissioni o inesattezze nella citazione delle fonti.

Grazie all'adozione di questo libro, Edilingua adotta a distanza dei bambini che vivono in Asia, in Africa e in Sud America. Perché insieme possiamo fare molto! Ulteriori informazioni nella sezione "Chi siamo" del nostro sito.

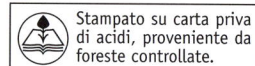

Stampato su carta priva di acidi, proveniente da foreste controllate.

Prefazione

Questo testo sulla *Divina Commedia* nasce dalla diretta esperienza di insegnamento in classe con studenti universitari impegnati nella lettura e nel commento dell'opera di Dante, nonché dall'esigenza di fornire loro uno strumento didattico che li mettesse in condizione di approcciarsi alla cultura italiana contemporanea attraverso il messaggio dantesco, universale e intramontabile.

Il testo si rivolge ad un pubblico di studenti di italiano, di livello medio e medio-alto, di diversa provenienza geografica, prevalentemente (ma non solo) iscritti a corsi universitari nei rispettivi Paesi.

L'opera consta di tre volumi, uno per Cantica (*Inferno*, *Purgatorio*, *Paradiso*). Ciascun volume comprende 9 unità, relative ad altrettanti Canti.

Ogni unità ha una struttura modulare suddivisa in due parti:

- la prima in **rosso**
- la seconda in **blu**

Tutti gli studenti approcciano l'unità dall'inizio, dal modulo rosso. I testi presenti in questo modulo sono stati riscritti in versione semplificata e presentano termini in grassetto per una lettura veloce che facilita la comprensione globale, mentre la banda colorata a lato offre degli utili commenti per aiutare ancor di più la comprensione del testo dantesco. Le pagine seguono la successione delle terzine originali e la lettura è corredata da un lavoro di contestualizzazione ed analisi attraverso le sezioni *Riflettiamo* e *Rispondi*, le quali sono caratterizzate da attività di difficoltà crescente che chiamano lo studente ad un ruolo sempre più attivo.

Il modulo in blu è concepito come completamento e approfondimento di quello rosso ed è riservato agli studenti più avanzati.

In questo modulo viene presentato il testo originale in cui nuovamente sono messe in rilievo le parole chiave, mentre la banda colorata a lato rappresenta per gli autori una finestra per dialogare con lo studente fornendo ulteriori spiegazioni, approfondimenti e spunti di riflessione.

Alla fine dell'unità viene presentato un breve test di comprensione generale ed interpretazione, finalizzato a rielaborare i contenuti appresi tramite suggerimenti inediti.

Ogni Canto è arricchito di riferimenti culturali all'attualità che, presenti soprattutto nel secondo modulo, rispondono all'esigenza di rivolgersi ad un pubblico che vada oltre quello, numericamente limitato, degli iscritti ai corsi universitari di letteratura italiana e medievale e provano a:

- mettere in risalto i legami dell'opera con la realtà contemporanea;
- permettere agli studenti (e ai docenti che utilizzeranno il volume nelle proprie classi) di agganciarsi e rapportarsi alla società italiana dei giorni nostri.

Infine, per aiutare ancor di più gli studenti nella comprensione, le parole più difficili, divise per Canto e presentate in ordine di apparizione, sono spiegate in un piccolo *Glossario* posto alla fine del volume.

Gli autori intendono ringraziare i colleghi del Sant'Anna Institute per il costante supporto e, in particolare, Cristiana Panicco, Presidente dell'Istituto perché, senza il suo sostegno e incoraggiamento questo volume non avrebbe visto la luce.

Un sentito grazie va esteso ai nostri studenti di letteratura italiana, fonte inesauribile di ispirazione e di preziosi suggerimenti, in aula e fuori, dei quali il presente volume è diretta emanazione.

Marco Marino
Domenico Palumbo

Indice

	Prefazione	3
Canto 1	*Che significa peccare?*	5
Canto 2	*Chi sono io?*	21
Canto 3	*Dove sono?*	37
Canto 5	*È davvero una colpa?*	53
Canto 6	*Sesso o amore?*	69
Canto 10	*Mi riveli il futuro?*	85
Canto 19	*Quanto costa un posto in Paradiso?*	101
Canto 26	*Si può sapere?*	117
Canto 34	*Perché piange?*	133
	Glossario	149

Canto 1

Guarda la foto: a che cosa pensi?

Quali sono le prime 5 parole che leggi?

1. _____
2. _____
3. _____
4. _____
5. _____

Leggi la storia

È la sera di Giovedì Santo, 7 aprile 1300. Dante, poeta fiorentino, cammina in una foresta; non sa dire come ci è arrivato. Ormai è tornato a casa e sta scrivendo il poema ma al lettore confessa che ricordare quell'esperienza gli fa ancora paura.

Dice di aver camminato nella selva tutta la notte: all'alba riesce ad arrivare ai piedi di un colle dove vede che il sole illumina la cima da dietro; si sente meglio, più tranquillo, meno ansioso. Si riposa un poco e decide allora di salire.

Quando comincia a salire, improvvisamente appare davanti a lui un feroce[1] leopardo che non lo lascia salire: Dante pensa addirittura[2] di tornare indietro. Ma è mattino ed è primavera: vuole pensare positivo. Ma ecco apparire un leone che avanza contro di lui, affamato[3]. E subito appare anche una lupa. È questo animale a spaventare Dante più di tutti: più la lupa avanza più lui indietreggia[4] verso la selva[5]. Mentre sta scendendo vede davanti a sé un'ombra: gli sembra un uomo. Dante chiede aiuto: l'ombra parla e si presenta, è Virgilio.

Dante non sta nella pelle: ha incontrato il suo mito! Virgilio gli spiega che deve cambiare strada se vuole uscirne vivo: la lupa infatti non può essere sconfitta finché non arriverà un cane che la sconfiggerà.

Virgilio si offre come guida e Dante accetta di seguirlo lungo un'altra strada.

Parole chiave:

selva

paura / speranza

guida

Dante Alighieri | Inferno

Che film è? Lo hai visto?

Di che parla? Se non l'hai visto, immagina!

Canto 1, vv. 1-12

Dante ha 35 anni
Foresta scura

A METÀ DEL PERCORSO DELLA MIA VITA
MI SONO RITROVATO IN UNA **SELVA OSCURA**,
PERCHÉ AVEVO PERDUTO LA VIA DEL BENE.   3

Che cosa è questa selva orrenda?

AH, COME È DOLOROSO DESCRIVERE COM'ERA
QUESTA **SELVA ORRENDA**, INTRICATA⁶ E DIFFICILE DA ATTRAVERSARE,
CHE ANCHE SOLO A RICORDARLA MI FA ANCORA PAURA!   6

La morte è poco più paurosa della selva

TANTO È PIENA DI **ANGOSCIA** CHE LA MORTE È DI POCO PEGGIORE;
MA **PER PARLARE DEL BENE** CHE NONOSTANTE TUTTO VI HO TROVATO,
DIRÒ ANCHE DELLE ALTRE COSE CHE HO VISTO.   9

La selva è sulla Terra, non ancora nel regno dei morti

Io **non so dire** per bene come ci sono arrivato,
tanto ero **assonnato**⁷ in quel momento
che la **via giusta** e vera avevo abbandonato.   12

COME LEGGERE LA DIVINA COMMEDIA

Dante scrive all'amico Cangrande: gli dedica il Paradiso e gli spiega come leggere la sua Commedia

1. Senso '**LETTERALE**': è un viaggio fantastico nell'Aldilà
2. Senso '**ALLEGORICO**': che cosa vuole dire l'autore con il testo?
   a. **MORALE**: *verità morale*
      (utile per l'insegnamento morale)
   b. **ANAGOGICO**: *verità spirituale*
      (è il viaggio di tutto il genere umano)

Riflettiamo

SELVA = vita. La selva è sulla Terra, nei pressi di Roma;
NOTTE = peccato;
SONNO = perdersi = vivere nel peccato;
RITROVARSI = consapevolezza = capire che è un peccatore.
Dante trova qualcosa di buono in questa selva.

Come si dice nella tua lingua 'consapevolezza'?
_____

Rispondi

1. Che significa 'abbandonare la via giusta'?
   _____

2. 'Assonnato' e 'sonnambulo': qual è la differenza letterale?
   _____

3. Per te qual è il bene che Dante ha trovato nella selva? Confrontati con un compagno.
   _____

EDILINGUA

Nel film *Cast Away*, Chuck Noland è un naufrago[8], solo, su un'isola deserta e sperduta.
Quando si salva dal mare e arriva sulla spiaggia si inginocchia guardando il mare.

Canto 1, vv. 13-27

Ma quando sono arrivato ai piedi di un **colle**,
nel punto in cui finiva la pianura
15 dove c'era quella selva che mi aveva stretto il cuore,

ho guardato **in alto** e ho visto che l'altra parte
era illuminata **dai raggi del sole**
18 che guidano sempre la gente mostrandogli **la via giusta**.

Quella vista aveva calmato la mia angoscia,
che nel profondo del mio cuore era durata **tutta la notte**
21 che avevo passato nella selva con tanto affanno[9].

E come un naufrago che con respiro affannato,
uscito fuori dal mare e ora sulla riva,
24 si gira indietro a guardare l'acqua in cui stava per morire,

così io che **ancora fuggivo**,
mi sono girato indietro a dare un'altra occhiata a quella selva
27 che non ha mai lasciato nessuna persona viva.

Una collina simbolo della vita virtuosa

Ha superato la selva: è mattina

La notte è una allegoria per la vita nel peccato

Si sente come un naufrago

Nessuno mai ha attraversato vivo la selva

Dante supera la selva da solo. È l'unico momento in cui resta solo: dopo ci saranno delle novità.

Questo che cosa significa? La selva è la vita di ogni persona: vivere non è facile; piuttosto nella selva è facile perdersi. La notte rappresenta il peccato che fa diventare molto più facile perdersi nella selva. Alla fine della selva c'è un sentiero che sale verso il colle: lì c'è il sole, la luce, e si sta bene.

Riflettiamo

1. Quale parola chiave scegli per riassumere il testo?
   PAURA | NAUFRAGO | COLLE | MORTE | SALVEZZA | SOPRAVVISSUTO

2. **Morte vera / Morte apparente**.
   Conosci la *Smorfia napoletana*? Cerca informazioni su Internet.

Che cosa rappresenta questo numero nella *Smorfia*?

Prova a spiegare il significato.

Rispondi

Dante Alighieri | LA DIVĪNA COMMEDIA PER STRANIERI

Canto 1, vv. 28-60

Dante è stanco: nel corpo e nello spirito	Dopo essermi riposato un po', perché ero stanco, ho continuato il cammino per la **via deserta**, salendo verso su. 30
Appare un leopardo	Ecco, all'improvviso[10], quasi all'inizio della salita, un **leopardo** agile e molto veloce, che aveva **il pelo a macchie**; 33
Non lo lascia passare	e non si spostava da davanti a me, anzi **ostacolava** tanto il mio cammino, che io più volte sono stato sul punto di ritornare indietro. 36
È mattina ed è primavera, tempo della creazione di Dio	Era tempo del primo mattino, e il sole montava in su con quelle stelle che erano con lui quando l'amore divino 39
Dante spera di superare il leopardo	ha creato tutte le cose belle; così che era motivo di **speranza** per me contro quella **bestia dalla pelle maculata**[11] 42
Appare però anche un leone	l'ora della mattina e la dolce primavera; ma non così tanto coraggio da non aver paura quando ho visto apparire un **leone**. 45
Il leone cammina verso Dante: il leopardo no	Questo sembrava venire contro di me con la **testa alta** e con **rabbiosa**[12] **fame**, tanto che anche l'aria sembrava tremare. 48
Terzo animale: la lupa, che è insaziabile	E poi **una lupa**, che di ogni desiderio sembrava grassa anche se era molto magra, e ha fatto vivere molte persone nel dolore 51
La lupa fa perdere a Dante la speranza	questa lupa mi dava tanta paura, che aumentava sempre di più vedendo il suo aspetto, che io **avevo perso la speranza** di salire sul monte. 54
La persona che non vuole spendere soldi	E come l'avaro che facilmente vince al gioco ma arriva il momento in cui perde tutto, e in tutti i suoi pensieri si rattrista[13] e piange; 57
La lupa spinge Dante a ritornare nella selva	così mi aveva fatto diventare la bestia **mai stanca** che, più mi veniva incontro, più **mi spingeva** giù, a poco a poco dove non c'era il sole. 60

Riflettiamo

La primavera

A Firenze, il Capodanno era festeggiato il 25 marzo, giorno in cui la Chiesa festeggia l'Annunciazione[14] a Maria. Credevano poi che la creazione del mondo da parte di Dio era avvenuta in primavera.

Rispondi

1. Che cosa fa sperare Dante?

2. Quale animale fa invece perdere la speranza a Dante?

3. Che significa per te 'perdere la speranza'? Confrontati con la classe.

EDILINGUA

Chi è l'autore di questa *Annunciazione*?

Anche Botticelli ne dipinge una: Maria è dentro o fuori casa?

Canto 1, vv. 61-87

Mentre ero **spinto indietro** verso il basso,
mi apparve dinanzi agli occhi un'ombra che
63 sembrava non saper più parlare.

Quando ho visto **quell'uomo** in **quel luogo solitario**,
«Abbi pietà di me!» ho gridato a lui,
66 «chiunque tu sia, **o fantasma o uomo in carne ed ossa!**»

Mi ha risposto così: «Non sono più vivo, ma lo sono stato,
e i miei genitori erano lombardi,
69 entrambi nati a Mantova[15].

Sono nato al tempo di Giulio Cesare, non sotto il suo regno,
ho vissuto a Roma sotto l'impero del buon Augusto
72 quando c'erano **gli dèi falsi e bugiardi**

Poeta ero e ho cantato di quel giusto
figlio di Anchise[16] che veniva da Troia[17],
75 dopo che quella superba città era stata bruciata.

Ma dimmi di te: perché stai tornando in quel luogo di
angoscia? Perché non sali **il monte pieno di gioia**
78 che è causa e principio di tutta la felicità?»

«Ma allora sei proprio tu, **il famoso Virgilio**, quella fonte
da cui si origina il fiume delle belle parole?»,
81 gli ho risposto **con rispetto**.

«O tu che sei l'onore e la guida degli altri poeti,
aiutami per il lungo studio e il grande amore
84 che mi ha spinto a cercare sempre i tuoi libri.

Tu sei **il mio maestro** e **la mia autorità**,
tu sei **l'autore** da cui ho imparato
87 il bello stile che mi ha dato popolarità e onore».

La voce di quest'ombra è bassa

Aiutami!

L'ombra si presenta: era un uomo

È vissuto prima di Cristo

È il poeta che ha scritto l'*Eneide* (che parla del giusto Enea)

Virgilio è ironico

Dante non ci crede: è proprio Virgilio!

Virgilio è guida dei poeti
Ricorda: nel Medioevo le librerie non c'erano!
Dante confessa di aver imparato come scrivere leggendo Virgilio

Dante non sta nella pelle: ha incontrato Virgilio, il suo autore preferito, il suo riferimento. Confessa che è il suo maestro (ha imparato tanto leggendo i suoi libri), è la sua autorità (si fida di lui), è il suo riferimento (ha imparato a scrivere bene leggendo lui).

Nella foto: Dante incontra Virgilio

Riflettiamo

"Chi trova un amico trova un tesoro": che significa?

Rispondi

Dante Alighieri | Inferno

Canto 1, vv. 88-111

Il problema di Dante è la lupa! <u>Mi fa tremare tutto</u>	«Vedi la bestia per cui mi sono girato indietro; salvami da lei, **famoso saggio**, perché <u>mi fa tremare le vene e i polsi</u>». 90
Virgilio consiglia di cambiare strada: <u>è meglio se cambi strada</u>	<u>«Ti conviene seguire **un altro percorso**»</u>, mi ha risposto, dopo avermi visto piangere, «se vuoi salvarti e uscire da questo **luogo selvaggio**; 93
La lupa non può essere sconfitta	perché questa bestia, contro la quale chiedi aiuto, non lascia passare nessuno per la sua via, ma tanto lo ostacola finché lo uccide; 96
La lupa ha sempre fame	ed ha una natura così malvagia e perversa, che non sazia mai la sua **incontentabile**[18] fame, anzi dopo il pasto ha fame più di prima. 99
Un giorno arriverà il Veltro (cane) che la ucciderà	Molti sono gli uomini con cui si accoppia, e saranno ancora di più fino a quando **il Veltro** verrà e **la farà morire** con dolore. 102
Il Veltro sarà umile e povero	Questo Veltro non vorrà né terre né ricchezze, ma **sapienza, amore e virtù**, e la sua origine sarà umile. 105
Salverà l'Italia, quella per la quale sono morti <u>gli eroi antichi</u>	Sarà la salvezza di quella **umile Italia** per la quale è morta <u>la vergine Camilla</u>, <u>Eurialo e Turno e Niso feriti a morte</u>. 108
Solo il Veltro sconfiggerà la lupa, mandata nel mondo da <u>Lucifero</u>	Il Veltro caccerà[19] la lupa per ogni città, finché l'avrà ricacciata[20] nell'inferno, da dove la **prima invidia** la fece uscire. 111

Riflettiamo

- Virgilio non obbliga nessuno: 'ti conviene seguire un'altra strada'.
- C'è una profezia: un giorno arriverà il Veltro a salvare e unire l'Italia.
- Leggiamo il nome 'Italia': ma la Nazione Italia non c'è ancora. L'Unità d'Italia, avvenuta nel 1861, si festeggia il 17 marzo.

Rispondi

Scopri il nome del Veltro!

Prova a mettere in ordine il nome!

Un aiuto: l'indovino Michele Scotto, famosissimo al tempo di Dante, ha fatto una profezia su 'Cane da Verona che prenderà il potere a Padova'.

Canto 1, vv. 112-136

Per questo io, **per la tua salvezza**, penso e giudico
che tu mi segua, e io **sarò la tua guida**,
114 e ti porterò in salvo da qui attraversando un luogo eterno;

dove udirai le **grida disperate**,
vedrai anime che soffrono,
117 ciascuna di quelle invoca la morte definitiva;

e vedrai quelli che **si accontentano**
nel fuoco, perché **sperano** di poter entrare
120 quando sarà il tempo, tra i beati.

Tra i beati poi **se tu vorrai salire**,
ti accompagnerà un'anima più degna di me:
123 **con lei ti lascerò** alla mia partenza;

perché **quell'imperatore** che regna lassù,
dal momento che io non ho mai conosciuto la sua legge,
126 non vuole che io entri nella sua città.

Su tutte le parti comanda e **anche qui** regna la sua legge;
ma in Paradiso ha il suo trono:
129 oh felice chi è **scelto** per abitare con lui!»

E io a lui: «**Poeta**, io ti chiedo
nel nome di quel Dio che tu non hai mai conosciuto,
132 affinché io possa fuggire questo male e il peggio ancora,

di portarmi là dove hai detto,
a vedere **la porta di San Pietro**,
e quelli che tu dici tanto malvagi».
136 Allora si è mosso, e io **l'ho seguito**.

Virgilio si offre come guida, per salvarlo

Dante vedrà l'Inferno dove i dannati aspettano il Giudizio Universale

Dante vedrà il Purgatorio, dove le anime sperano di entrare in Paradiso

Dante vedrà il Paradiso, ma con un'altra guida

Virgilio non può entrare in Paradiso, perché non è cristiano

Dio comanda ovunque, anche nell'Inferno

Dante-poeta prega Virgilio-poeta di essere salvato...

... e di essere portato fino alle porte del Paradiso

- Dio regna ovunque, ha potere su tutto, anche sull'Inferno;
- Dio è rappresentato come un imperatore;
- Virgilio rivela tutta la mappa del viaggio fino a Dio.

Inferno e Purgatorio sono i posti dove le anime aspettano il Giudizio Universale: l'Inferno è come una prigione, il Purgatorio è come una clinica.

Riflettiamo

---

1. Quali anime abitano l'Inferno?
   _____
2. Quali anime abitano il Purgatorio?
   _____
3. Quali anime abitano il Paradiso?
   _____
4. Cosa chiede Dante a Virgilio?
   _____
5. Conoscete l'espressione 'fare da Cicerone'? Che significa?
   _____

Rispondi

APPROFONDIMENTI

Chi era Dante?

NOME:	Durante de li Alighiero
NATO A:	Firenze
NATO IL:	29 Maggio 1265
SEGNO ZODIACALE:	Gemelli
PAPÀ:	Alighiero de Bellincione
MAMMA:	Gabriella degli Abati
FRATELLI:	Gaetana, Francesco
SPOSATO CON:	Gemma Donati
FIGLI:	Giovanni, Jacopo, Pietro, Antonia
VITA PUBBLICA:	ha combattuto nella battaglia di Campaldino (1289) con i Guelfi Bianchi. È stato ambasciatore di Firenze e anche uno dei Priori (simile al Parlamentare). È stato esiliato[21] dai Guelfi Neri. Diventa ghibellino.
MORTE:	a Ravenna, il 13 o 14 settembre 1321
In foto:	Giotto, particolare tratto dal *Giudizio Universale*, 1306 circa, Palazzo del Bargello, Firenze

Chi sono i Guelfi e i Ghibellini?

Sono due squadre di *supporters*: i Guelfi sostengono il Papa e i Ghibellini l'Imperatore.

Che cosa vogliono i Ghibellini?

I Ghibellini sono fedeli all'Imperatore e non vogliono che il Papa entri nella politica di Firenze.

Che cosa vogliono i Guelfi?

I Guelfi sono fedeli al Papa: credono che solo lui abbia il diritto di governare, perché scelto da Dio.

Ci sono poi i Guelfi Bianchi e i Guelfi Neri

I Guelfi Bianchi non vogliono che il Papa si occupi della politica di Firenze mentre i Guelfi Neri sono le famiglie più ricche della città che vogliono fare affari anche con il Papa.

Lo stemma della Città di Firenze ricorda tutto questo e mette insieme metà giglio dei Guelfi e metà dei Ghibellini.

Perché si chiama commedia?

Dante spiega all'amico Cangrande: «nella Tragedia è felice l'inizio e dolorosa la fine; nella Commedia è il contrario; la Tragedia parla in stile alto e sublime, la Commedia in stile umile e basso».
Si chiama 'Divina' perché **Boccaccio** così l'ha chiamata nel suo libro sulla vita di Dante.

CONVIVIO, TRATTATO II

1. Senso **LETTERALE**: il senso delle parole «come sono le favole de li poeti»;
2. Senso **ALLEGORICO**: una verità nascosta «sotto la bella menzogna»;
3. Senso **MORALE**: i lettori lo devono cercare pensando alle Sacre Scritture per l'utilità «di loro e di loro discenti» (salvezza);
4. Senso **ANAGOGICO**: «cioè sovrasenso», è la verità metafisica e spirituale «de l'etternal gloria».

«Onde con ciò sia cosa che **la litterale sentenza sempre sia subietto e materia de l'altre**, massimamente de l'allegorica. [...] Io adunque, per queste ragioni, tuttavia sopra ciascuna canzone ragionerò prima la litterale sentenza, e appresso di quella ragionerò la sua allegoria, cioè la nascosa veritate; e talvolta de li altri sensi toccherò incidentemente, come a luogo e a tempo si converrà».

Nel *Convivio*, nel primo capitolo del Trattato II, Dante affronta teoricamente il problema dei possibili sensi della scrittura.

Dobbiamo guardare sempre prima al senso letterale e poi a tutti gli altri.

Canto 1, vv. 1-12

Nel mezzo del cammin di <u>nostra vita</u>
mi ritrovai per una **selva oscura**,
3 ché la diritta via era smarrita.

Ahi quanto a dir qual era è cosa dura
esta **selva selvaggia** e aspra e forte
6 che nel pensier rinova la paura!

Tant'è **amara** che poco è più morte;
ma **per trattar del ben** ch'i' vi trovai,
9 dirò de l'altre cose ch'i' v' ho scorte.

Io **non so ben ridir com'i' v'intrai**,
tant'era pien di **sonno** a quel punto
12 che la **verace via** abbandonai.

<u>«Nella metà della mia vita scenderò alle porte dell'Inferno»</u> (Isaia, 38, 10)

Dante chiama la vita «selva erronea[22]» (*Convivio*, 4, 24)

Il fine del poema è <u>condurre alla felicità</u> (*Epistola a Cangrande*, 15)

«È sonno dell'anima dimenticarsi di Dio» (S. Agostino)

La «diritta via» è «smarrita», non dunque perduta del tutto.
La selva è «selvaggia», «aspra» e «forte» (v.5).
C'è un Dante personaggio e un Dante scrittore (v. 6).

Il metro della poesia dantesca è una **terzina** (3 versi) di 3 endecasillabi (11 sillabe) in rima incatenata (esempio: forte-morte-scorte; oscura-dura-paura).

Non possediamo il manoscritto autografo di Dante.

Riflettiamo

1. Dante 'prende coscienza': sei d'accordo? Che significa?

2. Qual è il senso letterale del testo?

3. Qual è, per te, il senso allegorico del perdersi nella selva?

4. Qual è, per te, il senso morale del testo?

Rispondi

Dante Alighieri | Inferno

Migranti nel Mediterraneo

Canto 1, vv. 13-27

Ma poi ch'i' fui al piè d'un **colle** giunto,
là dove terminava quella valle
che m'avea di paura il cor compunto, 15

guardai **in alto** e vidi le sue spalle
vestite già de' raggi del pianeta
che mena **dritto** altrui per ogne calle. 18

Allor fu la paura un poco queta,
che nel lago del cor m'era durata
la notte ch'i' passai con tanta pieta. 21

E come quei che con lena affannata,
uscito fuor del pelago a la riva,
si volge a l'acqua perigliosa e guata, 24

così l'animo mio, **ch'ancor fuggiva**,
si volse a retro a rimirar lo passo
che **non lasciò già mai persona viva**. 27

La selva è in una valle, ai piedi di un colle, simbolo della vita terrena virtuosa

Il Sole è simbolo di Dio
(*Convivio* III, 12, 7)

La notte è allegoria del tempo dell'inconsapevolezza[23]

Dante è un naufrago nel mare del peccato

Così l'animo mio [...]
si è girato dietro a rivedere quel passo

Erri De Luca, *Solo andata* (2005)

«Non fu il mare a raccoglierci,
noi raccogliemmo il mare a braccia aperte.
Calati[24] da altopiani incendiati da guerre e non dal sole,
traversammo[25] i deserti del Tropico del Cancro. [...]
Dicono: siete sud. No, veniamo dal parallelo grande,
dall'equatore centro della terra. [...]
Molte vite distrutte hanno spianato il viaggio,
passi levati ad altri spingon i nostri in avanti. [...]
Servitevi di noi, giacimento[26] di vita da sfruttare,
pianta, metallo, mani, molto di più di una forza da lavoro.
Nostra patria è cenere fresca di vecchi e di animali,
è partita nel vento prima di noi, sarà arrivata già.
Non avete mai visto migrar patrie? Noi dell'Africa sì,
s'alzano con il fumo degli incendi, si spargon a concime[27].»

Riflettiamo

Rispondi

1. Qual è per te il senso allegorico di questo passo?

2. In coppia o in piccoli gruppi. Se nessuna persona viva ha mai attraversato la selva, Dante è vivo o morto?

Canto 1, vv. 28-60

	Poi ch'èi posato un poco il **corpo lasso**,	
	ripresi via per la **piaggia diserta**,	
30	sì che 'l piè fermo sempre era 'l più basso.	Alberto Magno (1200) scrive: «il piede sinistro è più stabile e fermo»
	Ed ecco, quasi al cominciar de l'erta,	
	una lonza leggera e **presta molto**,	Appare un leopardo,
33	che di **pel macolato** era coverta;	agile, dal manto maculato
	e non mi si partia dinanzi al volto,	
	anzi 'mpediva tanto il mio cammino,	Di fronte
36	ch'i' fui per ritornar più volte vòlto.	
	Temp'era dal **principio del mattino**,	
	e 'l sol montava 'n sù con quelle stelle	Sono le prime ore del mattino, 8 aprile 1300
39	ch'eran con lui quando l'amor divino	
	mosse di prima quelle cose belle;	Quando Dio fece muovere i cieli e gli astri
	sì ch'a **bene sperar** m'era cagione	Screziata[28]
42	di quella fiera a la **gaetta** pelle	
	l'ora del tempo e la **dolce stagione**;	La mattina e la primavera
	ma non sì che paura non mi desse	
45	la vista che m'apparve d'un **leone**.	
	Questi **parea** che **contra me** venisse	Mostrava chiaramente
	con la **test'alta** e con **rabbiosa fame**,	
48	sì che parea che l'aere ne tremesse.	
	Ed **una lupa**, che **di tutte brame**	Sembrava carica
	sembiava carca ne la sua magrezza,	
51	e molte genti fé già **viver grame**,	Vivere miseramente
	questa mi porse tanto di **gravezza**	Oppressione
	con la paura ch'uscia di sua vista,	
54	ch'io **perdei la speranza** de l'altezza.	Di salire il colle
	E qual è quei che volontieri acquista,	Chi mette tutta la speranza in una cosa, quando la perde non sa dove trovare conforto
	e giugne 'l tempo che perder lo face,	
57	che 'n tutti suoi pensier piange e s'attrista;	
	tal mi fece la bestia **sanza pace**,	Mi spingeva di nuovo là dove non c'è luce (la selva)
	che, venendomi 'ncontro, a poco a poco	
60	**mi ripigneva** là dove 'l sol tace.	

---

3 sono i voti dell'Ordine francescano (Povertà, Castità, Obbedienza) a cui si oppongono:

1. Lonza: Lussuria;
2. Leone: Superbia;
3. Lupa: Avarizia.

Riflettiamo

Trova informazioni sulla relazione tra Dante e l'Ordine francescano.

Rispondi

Dante Alighieri | LA DIVINA COMMEDIA PER STRANIERI

Canto 1, vv. 61-87

Per avere lungamente taciuto	Mentre ch'i' **rovinava** in basso loco,
Come la sua coscienza	dinanzi a li occhi **mi si fu offerto**
	chi <u>per lungo silenzio</u> parea fioco. 63
Abbi pietà di me!	Quando vidi **costui** nel **gran diserto**,
	«<u>Miserere di me</u>», gridai a lui,
	«qual che tu sii, od **ombra** od **omo certo**!». 66
I genitori miei furono dell'Italia settentrionale	Rispuosemi: «Non omo, **omo già fui**, e <u>li parenti miei furon lombardi</u>, mantoani per patrïa ambedui. 69
Sotto Giulio Cesare, sebbene troppo tardi	Nacqui <u>sub Iulio</u>, <u>ancor che fosse tardi</u>, e vissi a Roma sotto 'l buono Augusto **nel tempo de li dèi falsi e bugiardi**. 72
Enea che lasciò la superba Troia dopo che fu distrutta	**Poeta fui**, e cantai di quel **giusto** <u>figliuol d'Anchise che venne di Troia</u>, <u>poi che 'l superbo Ilïón fu combusto</u>. 75
A così grande amarezza[29]? Principio e causa di vera gioia	Ma tu perché ritorni <u>a tanta noia</u>? **perché non sali il dilettoso monte** ch'è <u>principio e cagion di tutta gioia</u>?». 78
Quella fonte che spande <u>un così grande fiume di eloquenza</u>[30]?	«Or se' tu **quel Virgilio** e quella fonte che <u>spandi di parlar sì largo fiume</u>?», rispuos'io lui con **vergognosa fronte**. 81
Virgilio è <u>guida</u> di tutti i poeti	«O de li altri poeti onore e **lume**, vagliami 'l lungo studio e 'l grande amore che m' ha fatto cercar lo tuo volume. 84
<u>Autore</u> è «ogni persona degna di essere creduta e obbedita» (*Convivio*, IV, 6)	Tu se' **lo mio maestro** e 'l **mio autore**, tu se' solo colui da cu' io tolsi lo **bello stilo** che m' ha fatto onore. 87

Riflettiamo

Maestro e autore

Queste due parole sono importantissime per comprendere cosa rappresenta Virgilio per Dante. Considerato un saggio nell'età medievale, Virgilio è 'maestro', colui da cui ha appreso poesia e cultura. Per questo è suo 'autore', cioè guida e garanzia autorevole di poesia e di vita morale. Grazie all'*Eneide* di Virgilio, Dante ha imparato il 'bello stile', cioè lo stile tragico della poesia.

Rispondi

1. Qual è il senso letterale del testo?
   _____
2. Qual è il senso allegorico dell'incontro con Virgilio?
   _____
3. Che cosa rappresenta secondo te Virgilio?
   _____

Canto 1, vv. 88-111

Vedi **la** bestia <u>per cu' io mi volsi</u>; aiutami da lei, **famoso saggio**, 90 ch'ella mi fa tremar le vene e i polsi».	<u>Per la quale mi sono voltato indietro</u>
«<u>A te convien tenere **altro viaggio**</u>», rispuose, poi che lagrimar mi vide, 93 «se vuo' campar d'esto **loco selvaggio**;	<u>A te conviene seguire un percorso diverso</u>
ché questa bestia, per la qual tu gride, <u>non lascia altrui passar</u> per la sua via, 96 ma tanto lo 'mpedisce che l'uccide;	<u>Non lascia passare nessuno</u>
e ha natura sì malvagia e ria, che **mai non empie la bramosa voglia**, 99 e dopo 'l pasto ha più fame che pria.	*Convivio* IV, 12, 6: «in nullo tempo si compie né si sazia la sete de la cupiditate[31]»
Molti son li animali <u>a cui s'ammoglia</u>, e più saranno ancora, infin che 'l **veltro** 102 verrà, che **la farà morir** con doglia.	<u>Con cui si accoppia</u>
Questi non ciberà terra né peltro, ma **sapïenza, amore e virtute**, 105 e <u>sua nazion sarà tra feltro e feltro</u>.	Due interpretazioni del v. 105: 'tra Feltro e Montefeltro' o 'tra gente umile'
Di quella **umile Italia** fia <u>salute</u> per cui morì <u>la vergine Cammilla</u>, 108 <u>Eurialo e Turno e Niso</u> di ferute.	Sarà <u>la salvezza</u> dell'Italia Tutti personaggi dell'*Eneide*
Questi la caccerà <u>per ogne villa</u>, fin che l'avrà rimessa ne lo 'nferno, 111 là onde **'nvidia prima** dipartilla.	<u>Di città in città</u> La lupa che è stata mandata da Lucifero

Riflettiamo

Il Veltro avrà un compito religioso e uno politico. Non si sa con certezza a chi si riferisca Dante: alcuni pensano che si tratti di Arrigo VII di Lussemburgo, Imperatore del Sacro Romano Impero; altri che si tratti di San Benedetto XI, frate domenicano, nato povero, il quale portava nello stemma proprio un Veltro e il quale cercò di pacificare Firenze e di armonizzare[32] Chiesa e Impero.

Aristotele nella sua *Etica a Nicomaco* specifica quali sono i contrari dei comportamenti da evitare (incontinenza, vizio e bestialità): della bestialità - scrive - il contrario è una «virtù sovraumana» (*Etica a Nicomaco*, VII, 1). E infatti Dante fa del Veltro un'autorità sovrannaturale, guidato dalla Trinità.

Boccaccio nella Giornata 1, novella 7 del suo *Decameron* parla di Cangrande, figlio di Alberto degli Scaligeri, ghibellino: «Sì come chiarissima fama[33] quasi per tutto il mondo suona, Messer[34] Cane della Scala, fu uno dei più notabili[35], e dei più magnifici signori, che dallo Imperatore Federico Secondo in qua si sapesse in Italia».

Rispondi

Secondo te, nella società di oggi, la lupa che cosa potrebbe rappresentare? E il Veltro?

Canto 1, vv. 112-136

Per cui io per il tuo bene	Ond'io **per lo tuo me'** penso e discerno che tu mi segui, e io sarò **tua guida**, e trarrotti di qui per **loco etterno**;	114
Dolore senza speranza: invocano[36] tutti il Giudizio Universale	ove udirai le **disperate** strida, vedrai li antichi spiriti dolenti, ch'a la seconda morte ciascun grida;	117
Dante vedrà il Purgatorio: le anime si purificano nella speranza del Paradiso	e vederai **color che son contenti nel foco**, perché **speran** di venire quando che sia a le beate genti.	120
Dante vedrà il Paradiso, ma con un'altra guida: la ragione non basta	A le quai poi **se tu vorrai salire**, anima fia a ciò più di me degna: **con lei ti lascerò** nel mio partire;	123
Virgilio non può accedere al Paradiso: non è cristiano	ché quello **imperador** che là sù regna, perch'i' fu' ribellante a la sua legge, non vuol che 'n sua città per me si vegna.	126
Dio comanda ovunque, anche qui: ma lì, nel Paradiso, è il suo trono	In tutte parti impera **e quivi** regge; **quivi** è la sua città e l'alto seggio: oh felice colui cu' ivi elegge!».	129
Io ti prego affinché io scampi[37]	E io a lui: «**Poeta**, io ti richeggio **per quello Dio che tu non conoscesti**, acciò ch'io fugga **questo male e peggio**,	132
Mi porti E quelli che tu dici così tristi	che tu mi meni là dov'or dicesti, **sì ch'io veggia la porta di san Pietro** e color cui tu fai cotanto mesti».	
Allora si mosse e io lo seguii	Allor si mosse, e io **li tenni dietro**.	136

Riflettiamo

- L'**Inferno** è come una prigione: le anime giudicate colpevoli di peccato non hanno speranza di salvezza. Perciò la visita all'Inferno significa che Dante (l'anima) deve vedere coi propri occhi (della ragione) come il peccato deforma l'anima: solo così può odiarlo e non sceglierlo.
- Il **Purgatorio** è come una clinica: le colpe sono considerate secondo le cause. Perciò le anime devono imparare il libero arbitrio. Dunque la visita al Purgatorio significa che Dante (l'anima) deve educare la volontà a non cedere al peccato, attraverso il pentimento e la confessione.
- Virgilio (la Ragione) nel Paradiso non può entrare.
- Dante immagina Dio come un imperatore. Dante, come guelfo bianco, pur sostenendo il Papa, sosteneva l'indipendenza politica di Firenze (contro i Guelfi Neri): divenuto "ghibellin fuggiasco", per lui il Pontefice doveva occuparsi solo della salvezza delle anime.

Rispondi

Il viaggio di Dante non è solitario. Che cosa pensi di questo?

Allegorie e simbolismi

Tutta la cultura e la spiritualità medievale riconoscono nel simbolismo[38] e nell'allegoria il fondamentale schema espressivo della concezione del mondo, terreno ed ultraterreno[39]. Il mondo animale è usato come simbolo del male: lo struzzo che depone le uova nella sabbia e dimentica di covarle[40] è l'immagine del peccatore che dimentica i suoi doveri verso Dio; il caprone è simbolo di lussuria; mentre il cane è simbolo della fedeltà, il leone è simbolo della forza ma anche della violenza e dell'ipocrisia.

Nella foto: una pagina del manoscritto scozzese *Il bestiario di Aberdeen* che raffigura una lonza.

Le allegorie più interessanti sono quelle che riguardano miti classici considerati rispondenti[41] alla nuova concezione cristiana. In particolare il mito di Orfeo, ripreso in diverse redazioni, come nelle Catacombe[42] di Marcellino e Pietro, a Roma, sulla via Casilina, che testimoniano un incredibile sincretismo[43] tra due culture. Eusebio di Cesarea giustificherà questa sovrapposizione scrivendo: «se Orfeo, con il suono della lira, ammansì[44] le fiere, [...] il Verbo di Dio fece di più: ammansì i costumi dei barbari e dei pagani».

I primi artisti cristiani (III-IV secolo d. C.) dipinsero un Cristo imberbe[45], giovane, umanissimo, spesso ritratto nelle vesti del Buon Pastore. Così lo ritroviamo dipinto nelle Catacombe di S. Callisto, a Roma, sulla via Appia (foto a sinistra), o nelle Catacombe di Priscilla, a Roma, sulla via Salaria (foto a destra).

Verifica

Test

1. Rispondi Vero (V) o Falso (F).
   a. Dante non sa come è entrato nella selva. V | F
   b. Non sappiamo quanto tempo Dante passi nella selva. V | F
   c. La lupa fa perdere la speranza a Dante. V | F
   d. Virgilio suggerisce a Dante di cambiare strada. V | F
   e. Virgilio accompagnerà Dante in Paradiso. V | F

2. Il riferimento alla selva rinvia allegoricamente allo stato di perdizione in cui si trova Dante: quali tra le espressioni seguenti significano lo stesso?
   tant'era pien di sonno (v. 11) ☐
   l'animo mio, ch'ancor fuggiva (v. 25) ☐
   ei posato un poco il corpo lasso (v. 28) ☐
   e io li tenni dietro (v. 136) ☐

3. L'alternanza dei tempi verbali nelle prime terzine permette di individuare il Dante protagonista e il Dante scrittore. Sapresti indicare i versi?
   _____
   _____

4. Nel verso 85 leggiamo «Tu se' lo mio maestro e 'l mio autore»: a chi si riferiscono? Che importanza ha la figura di Virgilio?
   _____
   _____

5. Nel Canto I dell'Inferno Dante introduce il tema di fondo di tutto il poema: il tema del viaggio. Cerca tutte le parole che si riferiscono al viaggio o agli ostacoli.
   _____
   _____

6. Con quale animale Dante profetizza l'arrivo di un riformatore?
   _____
   _____

Interpretazione

A proposito del Veltro (vv. 103-111), prova a completare le frasi eliminando l'interpretazione che ritieni non plausibile:
1. secondo il senso letterale: il Veltro è un cane che mette in fuga le belve | il Veltro mette in fuga solo la lupa;
2. secondo il senso allegorico: il Veltro è Cangrande della Scala | è San Benedetto XI;
3. secondo il senso morale: la Commedia stessa | la Filosofia;
4. secondo il senso anagogico; il Veltro è Cristo | un Santo.

Che cosa hai imparato

1. La Divina Commedia si legge anche in maniera allegorica.
2. Il tema di fondo è il viaggio verso la salvezza.
3. Il primo passo è la 'consapevolezza di peccare'.
4. Esistono delle disposizioni d'animo da evitare.
5. Ogni uomo, con la propria ragione (Virgilio), deve conoscere che cosa è il peccato per non commetterlo più.

Canto 2

Guarda la foto:
a che cosa pensi?

Conosci il titolo del film?

Si può vivere senza fratelli ma non senza amici

1. Conosci un proverbio sull'amicizia nella tua lingua?

2. Trova le parole dell'amicizia:
   AIUTARSI | AMORE | SEGRETI | CALCIO | GIOCO | MANGIARE | INSIEME | INVIDIA | GELOSIA | GRATIS | SOLDI | CONFIDENZA | PARLARE | SHOPPING | CINEMA | NON ESISTE | FACEBOOK | FOLLOWER | BISOGNO | GIOIA | PASSIONE | HOBBY | ONLINE | RARO | SICUREZZA | SOLITUDINE

Leggi la storia

Parole chiave:
viaggio
amore
fidarsi

È la sera di Venerdì Santo, 8 aprile 1300: è passato un giorno intero. Dante, come un pellegrino, solo tra tutti gli uomini viventi, di sera inizia il viaggio nel mondo degli Inferi; come poeta chiede aiuto alle Muse[1] e sostegno alla memoria.

Dante si ferma e confessa a Virgilio i suoi dubbi per un viaggio tanto pericoloso, sapendo che solo il famoso Enea e San Paolo hanno visitato il mondo dell'Aldilà quando erano ancora vivi. C'era un motivo per quei viaggi, voluti da Dio stesso: da Enea nasce l'Impero romano, da San Paolo nasce il Vaticano.

Virgilio, per liberare Dante dalla sua paura, gli confessa che mentre si trovava nel Limbo, il posto dove lui deve stare (non è un peccatore ma non è battezzato), gli è apparsa una donna, Beatrice, scesa dal cielo, che lo ha pregato di soccorrere[2] il suo amato, Dante. Lei comunica a Virgilio che sono la stessa Vergine Maria e Santa Lucia a chiedere di soccorrere il poeta dato che aveva amato così tanto lei, Beatrice, e grazie a questo amore si era distinto su tutti.

Virgilio invita allora Dante ad avere coraggio: tre donne del Cielo si prendono cura di lui: Maria, S. Lucia e Beatrice.

Dante si rassicura[3] e conferma la sua decisione di iniziare il viaggio. Si affida a Virgilio come guida e lo segue nel cammino.

Dante Alighieri | Inferno

Dante deve affrontare una prova non facile. Conosci questo film?

Chi rappresenta l'uomo vestito di nero?

Canto 2, vv. 1-12

È sera
Dante è solo

Si prepara ad affrontare i pericoli del viaggio e del cuore

Questo viaggio è accaduto realmente

Dante non si sente adatto

Il giorno era quasi finito, e la sera
toglieva gli animali dal loro lavoro
nei campi; e **solo io** 3

mi preparavo ad affrontare la **guerra**
del **viaggio** e dell'anima
che descriverà la memoria che conserva i fatti. 6

O muse, o alto ingegno[4] poetico, aiutatemi ora;
o memoria che **hai scritto quello che io ho visto**,
qui si vedrà se vali[5] davvero. 9

Io ho detto: «Poeta che mi guidi,
guarda **se sono adatto a questo viaggio**,
prima di portarmi nell'Inferno. 12

Riflettiamo

Il viaggio nel mondo dopo la morte

1. Il viaggio di Dante inizia di sera: la descrizione fisica del luogo e quella morale corrispondono. Notte = allegoria per l'Inferno.
2. «Solo io» (v. 3): tutti gli altri uomini andranno a dormire, solo lui si prepara invece ai pericoli (guerra) del viaggio.
3. Dante invoca[6] le Muse, come nella tradizione della poesia epica.

Nella foto: Bronzino, *Dante*, 1532, Milano

Rispondi

1. Trova il significato delle parole:
   viltà: _____ indegno: _____
2. Quali sono i sentimenti che prova Dante di fronte al viaggio?
   ☐ insofferenza ☐ viltà ☐ paura ☐ sfiducia
3. Che significa il verbo 'valere'?
   _____

C'è chi ti dice "Ce la farai" e poi c'è chi ti abbraccia e ti sussurra "Ce la faremo"

Ricordi il verbo 'farcela'?

Io	
Tu	
Lui/Lei	
Noi	
Voi	
Loro	

Canto 2, vv. 13-36

Tu scrivi che **Enea**, padre di Silvio,
ha visitato il regno dei morti quando era vivo,
15 **con il proprio corpo**.

Ma se gli è stato **permesso da Dio**,
è solo per il suo valore di uomo e
18 per la sua discendenza[8]

nessuna persona ragionevole[9] trova strano questo;
Dio aveva scelto lui, Enea, come padre di Roma
21 e dunque dell'**Impero**:

Poi Roma e il suo Impero, a dire la verità,
erano destinati a diventare un **luogo santo**,
24 dove infatti sta il Papa, successore[10] di Pietro.

In quel viaggio, **che tu Virgilio racconti**,
Enea ha ricevuto segreti che poi hanno portato
27 alla vittoria nel Lazio e alla nascita del Vaticano.

Poi ci è andato **Paolo**,
per avere conferma della fede Cristiana
30 principio della vita buona e dell'eterna[11] salvezza.

Ma io perché devo venire? Chi mi autorizza[12]?
Io non sono Enea né sono Paolo;
33 né io né altri mi credono degno[13] di questo.

Perciò, se acconsento[14] al viaggio senza riflettere,
temo di commettere una follia[15].
36 Tu sei saggio; lo capisci meglio di me.»

- Enea visita il mondo degli Inferi da vivo
- Il suo viaggio era voluto dalla Provvidenza[7]...
- ... Enea fonda Roma e dunque l'Impero romano
- La nascita del Vaticano era il fine ultimo
- L'*Eneide* racconta cose vere
- Per volere di Dio, San Paolo visita il regno dei Cieli
- Dante crede di non essere degno di questo viaggio
- Ha paura di fare una cosa stupida

Enea, Paolo, Dante

Enea è l'eroe di Troia, protagonista dell'*Eneide* di Virgilio: arriva in Italia, nel Lazio, dove suo figlio Ascanio fonda la città di Alba Longa. In questa città nasceranno i fratelli Romolo e Remo: Romolo uccide Remo e fonda la città di Roma sul colle Palatino. Dio vuole Enea per fondare l'IMPERO.

Dopo una caduta da cavallo, San Paolo vede Gesù che lo rimprovera mentre è circondato da una luce accecante[16] e così si converte al Cristianesimo. Dio vuole Paolo per fondare la CHIESA.

E Dante?

Riflettiamo

Cosa significano queste espressioni?
- Avere un dubbio: _____
- Mettere in dubbio: _____
- Concedere il beneficio del dubbio: _____

Rispondi

Dante Alighieri | LA DIVINA COMMEDIA PER STRANIERI

Canto 2, vv. 37-69

Dante cambia idea

Come fa colui che prima voleva e poi non vuole più
e dopo nuove riflessioni cambia intenzione
così che rinuncia proprio a cominciare, 39

Pensa di aver accettato troppo presto

così mi sono fatto io in quell'oscuro luogo,
perché avevo finito nella mia testa il viaggio
che tanto velocemente avevo accettato di fare. 42

È senza coraggio

«Se ho ben capito il tuo discorso»,
lo spirito del magnanimo[17] Virgilio mi ha risposto,
«il tuo cuore è pieno di **vigliaccheria**, 45

La paura è un ostacolo per le grandi imprese

questa molte volte ostacola l'uomo,
lo trattiene da imprese onorevoli[18],
come un'ombra fa fermare una bestia. 48

Dante spera ancora

Per liberarti da questa paura,
ti dirò perché sono venuto e che cosa mi è stato detto
la prima volta che ho provato dolore per te. 51

Si parla di Beatrice

Io ero tra le anime del Limbo, sospesi[19] tra il dolore e la felicità
quando mi ha chiamato una donna santa e così bella
che l'ho pregata di **darmi ordini**. 54

Aveva gli occhi lucenti[21] come le stelle

I suoi occhi brillavano[20] più di una stella;
e mi parlava piano e dolcemente
con una voce angelica, e mi ha detto: 57

Lo saluta come la regina a un cavaliere

"O **cortese**[22] anima mantovana[23],
che sei ancora famoso nel mondo,
e durerà così a lungo quanto il mondo stesso, 60

Beatrice chiede aiuto per Dante

l'amico mio, amato da me ma non dalla fortuna,
si trova nella pianura deserta, ostacolato dalle bestie
così che sta tornando indietro per la paura; 63

Ha paura che sia troppo tardi

e temo che sia già così sperduto[24],
che mi sono mossa in suo aiuto troppo tardi,
per quanto ho sentito dire di lui in cielo. 66

Virgilio deve aiutarlo in tutti i modi

Vai, dunque, e con il tuo parlare saggio
e con **tutto ciò che è necessario per la sua salvezza**
aiutalo, così che posso essere io consolata. 69

Riflettiamo

Guerra, vigliaccheria, onore, ricevere ordini, anima cortese, amico mio: sono parole del mondo dei cavalieri. Beatrice chiede a Virgilio di 'fare un'impresa': salvare Dante. Come?

Rispondi

1. Che significa "essere fifone"?
   _____

2. Che significa "dare carta bianca"? I vv. 67-69 e il commento a sinistra possono aiutarti.
   _____

3. Che significa "salvarsi in calcio d'angolo"?
   _____

Nella foto: Giovanni Stradano, *Virgilio incontra Beatrice*, 1587

Canto 2, vv. 70-93

Io, che ti mando da lui, sono **Beatrice**;
vengo dal luogo dove desidero ritornare;
72   **l'amore mi ha mosso**²⁵ e ora mi fa parlare.

Quando tornerò davanti a Dio,
parlerò bene di te a Lui".
75   Poi è stata in silenzio, e allora ho iniziato io:

"O donna **piena di ogni virtù**²⁷
con queste ogni uomo supera
78   tutte le cose del mondo mortale,

il tuo comando mi è tanto gradito,
che dirti che lo farò mi sembra già tardi;
81   non occorre²⁸ dirmi altro del tuo desiderio.

Ma spiegami invece perché non hai paura
di scendere quaggiù, al centro del mondo,
84   che è l'opposto di dove tu desideri ritornare".

"Poiché vuoi sapere le cose per bene,
ti dirò con poche parole" mi rispose lei
87   "perché io non ho paura di venire quaggiù.

Bisogna temere soltanto quelle cose
che hanno il potere di farci del male;
90   il resto non può far paura.

Io sono stata fatta così da Dio, **per sua grazia**,
che la vostra infelicità non mi tocca,
93   come non mi colpisce il fuoco di questo posto.

Beatrice ripete: l'amore mi ha portato qui da te

La ricompensa²⁶: parlerà bene di lui a Dio

Beatrice non è solo bella, ma anche buona

Virgilio è pronto per partire

Virgilio chiede a lei: perché non hai paura dell'Inferno?

Beatrice accetta di rispondere brevemente

Il male non ha il potere di colpire tutti

La natura di Beatrice è diversa: il fuoco dell'Inferno non la colpisce

Rispondi

1. Perché Beatrice vuole aiutare Dante?
   _____
2. Dove sta l'Inferno rispetto al Paradiso?
   _____
3. Perché Beatrice non ha paura del fuoco dell'Inferno?
   _____

Dante Alighieri | Inferno

Canto 2, vv. 94-120

Maria, la Madonna, è dispiaciuta	Lassù c'è una **Donna gentile** che si dispiace dell'ostacolo della lupa che ti chiedo di andare a risolvere, lei con le sue suppliche[29] piega perfino la legge di Dio. 96
Maria chiama Lucia e affida a lei Dante	Questa donna ha chiamato Santa **Lucia** e le ha detto: - Adesso il tuo fedele ha bisogno di te, e io a te lo affido - 99
Lucia è andata da Beatrice	Lucia, nemica di ogni crudeltà, si è mossa, ed **è venuta da me**, mentre ero seduta con la vecchia Rachele. 102
Dante ha amato Beatrice e si è distinto[31] tra tutti	Mi ha detto: - Beatrice, vera lode di Dio, perché non soccorri[30] Dante, che ti ha amato così tanto, a tal punto che per te si è distinto tra tutti? 105
Dante piange e Lucia si dispiace	Non senti la pena che esprime il suo pianto? Non vedi tu che **combatte** contro l'assalto[32] **della lupa**, come contro un mare in tempesta? - 108
Beatrice si muove subito	Al mondo non c'è stato mai nessuno così veloce a fare il proprio vantaggio o a fuggire il proprio danno, come me, dopo aver sentito quelle parole, 111
Sceglie Virgilio perché è saggio: ha fiducia in lui	sono venuta quaggiù, scendendo dal mio posto, ho fiducia nel tuo **parlare saggio** che rende onore a te e a quelli che ti hanno letto". 114
Beatrice si commuove	Dopo aver detto queste parole, si è girata, con gli occhi che **brillavano per il pianto**, e questo mi ha fatto correre ancora di più per venire da te. 117
Qui parla Virgilio: dice che allora è corso da Dante	E **sono corso da te come lei voleva**: ti ho portato via da quell'animale che ti ostacolava per il cammino più breve sul monte. 120

Riflettiamo

Gli occhi di Beatrice e gli occhi di S. Lucia

La luce nella Divina Commedia è molto significativa: il colle del Canto I è illuminato mentre la selva è oscura. Santa Lucia nella cultura italiana è la 'protettrice degli occhi' e si festeggia il 13 dicembre, il giorno più corto dell'anno in cui la notte è più lunga del giorno. Dante dice che gli occhi di Beatrice brillano come stelle.

'Vedere' è la parola-chiave: il peccato è il buio, Santa Lucia aiuta a vedere, illumina su quello che bisogna fare.

Che cosa rappresenta Beatrice? La teologia o la fede?

Rispondi

1. Perché Beatrice sceglie Virgilio?
   _____
2. Quando Beatrice finisce di parlare che cosa fa?
   _____

Canto 2, vv. 121-142

123 Dunque, che cosa ti spaventa ancora? **Perché, perché hai paura**? Perché tanta vigliaccheria, perché non hai coraggio e sicurezza,

126 dal momento che tre donne benedette **si prendono cura** di te dal cielo e le mie parole ti promettono di raggiungerle?».

129 Come i fiorellini del campo, abbattuti e chiusi dal freddo della notte, quando il sole li illumina si aprono e si raddrizzano[33]

132 così sono diventato rispetto al mio coraggio e tanto coraggio mi è sceso nel cuore che io come una persona libera ho risposto:

135 «Oh piena di pietà la donna che mi ha soccorso! e **tu, nobile**, che hai obbedito subito alle parole vere che ti ha detto!

138 Con **le tue parole** mi hai cambiato il cuore desidero venire con te, e sono ritornato di nuovo al mio primo proposito[34].

Va' avanti dunque, entrambi vogliamo la stessa cosa: tu sarai la mia **guida**, mio **signore**, mio **maestro**». Così gli ho detto; e dopo che si è mosso,
142 l'ho seguito nel cammino difficile e selvaggio.

Virgilio non capisce

Virgilio promette di portarlo in Paradiso

Il sole sveglia i fiorellini, come Virgilio ha svegliato Dante

Si sente libero dalla paura

Virgilio è nobile perché ha accettato la missione come un cavaliere

Beatrice ha scelto Virgilio per la sua saggezza

Dante segue Virgilio

Prendersi cura

'Prendersi cura' è un'espressione italiana che vuol dire occuparsi di qualcuno, prestare attenzione. Si dice: "prendersi cura dei figli", "prendersi cura di una persona anziana" o anche "prendersi cura del gatto" o dell'orto.

Quando si vuole invitare qualcuno a 'prendersi cura di sé', usiamo l'espressione: "abbi cura di te" (formale), "stammi bene!" (informale).

Tre donne si prendono cura di Dante: la **Vergine Maria**, **S. Lucia**, **Beatrice**. La **pietà** (Vergine Maria), la **grazia** (S. Lucia) che lo illumina, la **fede** (Beatrice) che è sapienza.

Riflettiamo

Rispondi

1. Che cosa dice Dante a Virgilio?

2. Prova a spiegare le tre parole che Dante usa per Virgilio: 'mia guida', 'mio signore', 'mio maestro'.

3. Come finisce il Canto?

4. Tu ti prendi cura di qualcuno o di qualcosa?

Dante Alighieri | LA DIVINA COMMEDIA per stranieri

APPROFONDIMENTI

Chi era Beatrice?

NOME:	Beatrice Portinari
NATA A:	Firenze
QUANDO:	Febbraio 1266
PAPÀ:	Folco Portinari, banchiere
SPOSATA CON:	Simone de' Bardi, banchiere, Guelfo Nero.
FIGLI:	nessuno
MORTE:	19 giugno 1290
ALTRE INFORMAZIONI:	La tomba non è nella Chiesa di Santa Maria de' Cerchi, a Firenze, anche se c'è una lapide[35]; Beatrice era sposata: la tomba di famiglia dei Bardi è nella Basilica di Santa Croce, vicino alla Cappella dei Pazzi.

In alto: *Beatrice Portinari*, Villa Torlonia, Roma

A sinistra: H. Holiday, *Dante e Beatrice*, 1882, Walker Art Gallery, Liverpool

Il primo incontro: un colpo di fulmine

Dante racconta il suo primo incontro con Beatrice in un altro libro, la *Vita Nova*. Dice che a 9 anni vede per la prima volta una ragazza vestita di rosso che si chiama Beatrice: è nove mesi più giovane di lui e ha un colpo di fulmine[36].

Nove anni dopo quel primo incontro, la rivede vestita di bianco e Beatrice lo saluta per la prima volta. Dante torna a casa euforico[37]! Fa un sogno strano.

Nel Medioevo non era possibile parlare direttamente ad una donna. Allora Dante scrive poesie ad altre donne e Beatrice si offende e non lo saluta più.

Un giorno però la rivede mentre lei è insieme alle sue amiche e non riesce a tener più nascosto il suo sentimento: trema, diventa rosso in viso, resta immobile. Beatrice lo saluta!

Il 19 giugno 1290 Beatrice però muore e Dante, disperato, prova a scrivere poesie per lei. Un giorno, mentre disegnava un angelo in sua memoria, Dante riceve la visita di alcune persone: tra loro c'è anche una donna che si mostra innamorata di lui. Ha quasi dimenticato Beatrice quando una notte gli appare in sogno, vestita di rosso come quando l'aveva vista la prima volta e lo rimprovera.

Dante si pente, ritorna ad amarla e decide che non dirà più niente di lei fino a quando scriverà un libro degno di quell'angelo, la *Divina Commedia*.

Perché Virgilio?

La scelta di Virgilio fu suggerita a Dante da molti fattori: innanzitutto durante il Medioevo lo si considerava il pagano che aveva preannunciato la Cristianità, leggendo nella sua *Bucolica* IV la profezia della nascita di un bambino miracoloso che avrebbe segnato l'aprirsi di una nuova età del mondo. Si credeva insomma che Virgilio, pagano, avesse, per ispirazione divina, preannunciato la nascita di Cristo quaranta anni prima.

Questa convinzione era poi rafforzata dall'intepretazione della sua *Eneide* come il poema che narra il compimento[39] di un'altra profezia, quella che portò alla fondazione di Roma e dunque alla nascita dell'Impero. Dante ci crede: l'esistenza dell'Impero romano era diretta volontà di Dio. Non è un caso che ritroveremo tra le fauci di Lucifero, nel posto riservato ai traditori dei propri signori, coloro che uccisero il fondatore dell'Impero romano, Giulio Cesare. Dante lo ripete nel *Convivio*, Virgilio è stato il poeta dell'Impero, ha vissuto nel mondo «che mai non fu né sarà più così perfetto» (*Convivio*, IV, 5, 8).

È questo, il secondo Canto, il vero proemio[38] dell'*Inferno*: il primo Canto è un proemio generale alla Commedia.

Canto 2, vv. 1-12

Lo giorno se n'andava, e l'aere bruno
togliea li animai che sono in terra
3   da le fatiche loro; e **io sol uno**

m'apparecchiava a sostener **la guerra**
sì del **cammino** e <u>sì de la pietate</u>,
6   che ritrarrà la mente che non erra.

O muse, o alto ingegno, or m'aiutate;
o mente che **scrivesti ciò ch'io vidi**,
9   qui si parrà la tua nobilitate.

Io cominciai: «Poeta che mi guidi,
guarda **la mia virtù s'ell'è possente**,
12   prima ch'a <u>l'alto passo</u> tu mi fidi.

Ricorda l'*Eneide*: «Era la notte e sulla terra il sonno avvolgeva i viventi» (VIII, 26-27)

Con il calare della notte nasce l'<u>inquietudine</u>

La 'nobilitate' è la perfezione di ciascuna cosa nella propria natura

'Virtù' sta per 'capacità' nell'affrontare l'<u>arduo cammino</u>

Riflettiamo

Leggiamo di un Dante scrittore che invoca le Muse, in quanto poeta; e di un Dante personaggio che si muove nella scena. Altrettanto terribili sono le inquietudini che colpiscono l'uno e l'altro. Il poeta Dante si trova a dover affrontare il difficile compito di narrare, in poesia, ciò che vide e che ricorda; il personaggio Dante si trova a dover affrontare il difficile compito di entrare ed attraversare l'Oltretomba.

Il viaggio che si accinge[40] a fare il Dante-protagonista, attraverso la poesia del Dante-poeta, diventa così narrazione dell'uomo-Pellegrino: non di uno in particolare, ma di ogni uomo. Il timore di Dante per il viaggio è il timore di Dio, che è l'inizio della speranza del Pellegrino.

Rispondi

1. Prova a spiegare il termine «pietà» del v. 5: come si dice nella tua lingua?

2. Secondo te perché Dante invoca le Muse?

Dante Alighieri | Inferno

C'è chi ti dice "Ce la farai" e poi c'è chi ti abbraccia e ti sussurra "Ce la faremo"

Enea visita il mondo degli Inferi <u>da vivo</u>	**Canto 2, vv. 13-36**
	Tu dici che di Silvïo il **parente**,
	<u>corruttibile ancora</u>, ad immortale
	secolo andò, e fu **sensibilmente**. 15
Il suo viaggio era voluto da <u>Dio</u>: l'Impero è voluto dalla Provvidenza	Però, se <u>l'**avversario d'ogne male**</u>
	cortese i fu, pensando l'alto effetto
	ch'uscir dovea di lui, e 'l chi e 'l quale 18
Enea fonda Roma e dunque l'Impero romano che ha come scopo finale...	non pare indegno ad omo d'intelletto;
	ch'e' fu de l'alma Roma e di suo **impero**
	ne l'empireo ciel per padre eletto: 21
...la nascita del Papato	la quale e 'l quale, a voler dir lo vero,
	fu stabilita <u>per lo **loco santo**</u>
	u' siede il successor del maggior Piero. 24
Enea infatti <u>riceve consigli</u> provvidenziali	Per quest'andata **onde li dai tu vanto**,
	<u>intese cose</u> che furon cagione
	di sua vittoria e del papale ammanto. 27
Per volere di Dio, <u>San Paolo</u>, <u>Vaso di Dio</u>, visita il regno dei Cieli	Andovvi poi lo **Vas d'elezïone**,
	per recarne conforto a quella fede
	<u>ch'è principio a la via di salvazione</u>. 30
Dante crede di non essere all'altezza di questo viaggio	Ma io, perché venirvi? o chi 'l concede?
	Io non Enëa, io non Paulo sono;
	me degno a ciò né io né altri 'l crede. 33
Ha paura di fare una cosa stupida	Per che, se del venire io m'abbandono,
	temo che la venuta non sia folle.
	Se' savio; intendi me' ch'i' non ragiono». 36

Riflettiamo

Non c'è nessuna ragione, umana o divina, perché a Dante possa essere concessa la stessa sorte di Enea o di San Paolo, di visitare l'Oltretomba quando è ancora vivo.

Enea visita gli Inferi perché da lui sorgerà l'Impero romano, così come descritto nell'*Eneide* di Virgilio; San Paolo, scelto da Dio, viene rapito in estasi[41] e arriva a visitare il giardino di Dio.

Impero e Chiesa trovano un fondamento nella volontà di Dio.

Questo ci permette di dire che la *Commedia* non è un'opera esclusivamente religiosa, ma di rinnovamento, dell'uomo in generale e delle due supreme istituzioni: l'Impero e la Chiesa.

Rispondi

San Paolo viene rapito in estasi e visita l'Oltretomba.
Arriva fino a _____.

Cerca su Internet la *II Lettera ai Corinzi* di San Paolo e leggi la descrizione della sua ascesa al Paradiso.

Canto 2, vv. 37-69

39	E <u>qual è quei che disvuol ciò che volle</u> e per novi pensier cangia proposta, sì che dal cominciar tutto si tolle,	<u>Come fa colui che smette di volere ciò che volle</u>
42	tal mi fec'io 'n quella <u>oscura costa</u>, perché, pensando, consumai la 'mpresa che fu nel cominciar cotanto tosta.	<u>Il pendio</u>[42] è diventato ormai oscuro
45	«S'i' ho ben la parola tua intesa», rispuose del magnanimo quell'ombra, «l'anima tua è **da viltade offesa**;	La viltà è un concetto del mondo cavalleresco
48	la qual molte fïate l'omo ingombra sì che d'onrata impresa lo rivolve, come falso veder bestia quand'ombra.	La paura è un ostacolo per le grandi imprese
51	Da <u>questa tema</u> acciò che tu ti solve, dirotti perch'io venni e quel ch'io 'ntesi nel primo punto che di te mi dolve.	Per liberarlo da <u>questo timore</u>, gli dice perché è lì
54	Io era <u>tra color che son sospesi</u>, e <u>donna mi chiamò</u> beata e bella, tal che **di comandare io la richiesi**.	Nel Limbo le anime sono sospese <u>tra beatitudine e dannazione</u> Beatrice
57	<u>Lucevan li occhi</u> suoi più che la stella; e cominciommi a dir soave e piana, <u>con angelica voce</u>, in sua favella:	<u>Occhi splendenti e voce angelica</u>
60	"**O anima cortese** mantoana, di cui la fama ancor nel mondo dura, e durerà quanto 'l mondo lontana,	Lo saluta come la regina saluta un cavaliere
63	**l'amico mio**, e non de la ventura, ne la diserta piaggia è impedito sì nel cammin, che vòlt'è per paura;	<u>Amato da me, ma non dalla fortuna</u>
66	e <u>temo</u> che non sia già sì smarrito, ch'io mi sia tardi al soccorso levata, per quel ch'i' ho di lui nel cielo udito.	<u>Beatrice teme di essersi mossa troppo tardi</u>
69	Or movi, <u>e con la tua parola ornata</u> **e con ciò c'ha mestieri al suo campare**, l'aiuta sì ch'i' ne sia consolata.	Beatrice gli dà carta bianca: <u>può dire e fare ogni cosa per salvarlo</u>

Virgilio rimuove il dubbio di Dante. Per prima cosa indica la radice della sua esitazione: la pusillanimità (viltà); è questa che impedisce all'uomo di compiere un nobile proposito. Poi gli fa capire che il viaggio che faranno insieme è voluto dal Cielo, raccontandogli di Beatrice. Dalle parole di Beatrice deduciamo pure altro: la ragione umana, con i ragionamenti e le persuasioni, serve a far uscire dalla selva oscura della confusione morale.

Riflettiamo

Come si dice 'viltà' nella tua lingua?

Rispondi

Dante Alighieri | LA DIVINA COMMEDIA PER STRANIERI

Nella foto: Giovanni Stradano, *Virgilio incontra Beatrice*, 1587

Canto 2, vv. 70-93

L'amore di Beatrice è un amore celeste, benedetto dalla Vergine Maria	I' son **Beatrice** che ti faccio andare; vegno del loco ove tornar disio; **amor mi mosse**, che mi fa parlare. 72
La ricompensa: parlerà bene di Virgilio a Dio	Quando sarò dinanzi al segnor mio, di te mi loderò sovente a lui". Tacette allora, e poi comincia' io: 75
La virtù è la sola strada attraverso cui l'uomo si innalza nella sua natura	"O **donna di virtù** sola per cui l'umana spezie eccede ogne contento di quel ciel c'ha minor li cerchi sui, 78
Non è necessario dire altro, se non <u>la sua volontà</u>	tanto m'aggrada il tuo comandamento, che l'ubidir, se già fosse, m'è tardi; più non t'è uopo aprirmi il <u>tuo talento</u>. 81
Le chiede: perché non hai paura di scendere all'Inferno?	Ma dimmi la cagion che non ti guardi de lo scender qua giuso in questo centro de l'ampio loco ove tornar tu ardi". 84
Beatrice accetta di rispondere brevemente	"Da che tu vuo' saver cotanto a dentro, dirotti brievemente", mi rispuose, "perch'i' non temo di venir qua entro. 87
Dobbiamo temere solo il male che può esser compiuto da noi	Temer si dee di sole quelle cose c' hanno potenza di fare altrui male; de l'altre no, ché non son paurose. 90
La natura di Beatrice è diversa, <u>per grazia di Dio</u>	I' son fatta da Dio, **sua mercé**, tale, che la vostra miseria non mi tange, né fiamma d'esto ncendio non m'assale. 93

Rispondi

1. Beatrice non usa il termine 'Paradiso': secondo te, perché?

2. Virgilio risponde a Beatrice come un cavaliere: qual è l'espressione che conferma questo?

Canto 2, vv. 94-120

	Donna è gentil nel ciel che si compiange di questo 'mpedimento ov'io ti mando, sì che duro giudicio là sù frange.	La Vergine è capace di infrangere[43] la legge dell'Inferno
96		
	Questa chiese **Lucia** in suo dimando e disse: - Or ha bisogno il tuo fedele di te, e io a te lo raccomando -	Pietro Alighieri conferma che il padre fu devoto di S. Lucia
99		
	Lucia, nimica di ciascun crudele, si mosse, e **venne al loco dov'i' era**, che mi sedea con l'antica Rachele.	Rachele, moglie di Giacobbe, è allegoria della vita contemplativa
102		
	Disse: - Beatrice, loda di Dio vera, ché non soccorri quei che t'amò tanto, ch'uscì per te de la volgare schiera?	Chi vedeva Beatrice, lodava Dio, per la sua bellezza (*Vita Nova*, XXVI)
105		
	Non odi tu la pieta del suo pianto? non vedi tu **la morte che 'l combatte** su la fiumana ove 'l mar non ha vanto? -.	La selva è più pericolosa del mare in tempesta
108		
	Al mondo non fur mai persone ratte a far lor pro o a fuggir lor danno, com'io, dopo cotai parole fatte,	Veloci
111		
	venni qua giù del mio beato scanno, **fidandomi del tuo parlare onesto**, ch'onora te e quei ch'udito l'hanno".	Il Paradiso La parola, in fondo, ha una funzione virtuosa
114		
	Poscia che m'ebbe ragionato questo, li **occhi lucenti lagrimando** volse, per che mi fece del venir più presto.	Boccaccio commenta: «atto d'amante e massimamente da donna»
117		
	E **venni a te così com'ella volse**: d'inanzi a quella fiera ti levai che del bel monte il corto andar ti tolse.	La narrazione ritorna al presente dell'incontro
120		

Maria, Lucia, Beatrice: le tre donne della Grazia che soccorrono Dante. La Vergine Maria, come Dante spiegherà, intercede[44] per l'uomo presso Dio. In questo passo si dispiace dell'assalto della lupa e in quanto 'Grazia' proveniente da Dio, rompe la legge ferrea[45] dell'Inferno che avrebbe condannato Dante. Lucia, Santa siracusana cui Dante era devoto, è comunemente venerata come protettrice degli occhi e della vista, da cui l'immagine di 'colei che illumina'.

S. Tommaso d'Aquino spiega che per vivere bene si richiede l'aiuto della grazia divina:

- sanante (che fa raggiungere il bene connaturale all'uomo);
- elevante (che rende gli uomini meritevoli della vita eterna e quindi di un bene soprannaturale);
- attuale (che muove l'uomo ad agire):

Abbiamo così, nell'ordine: la Vergine, Santa Lucia, Beatrice.

Riflettiamo

Beatrice non chiama con il suo nome la Madonna, secondo te perché?

Rispondi

Dante Alighieri | Inferno

Canto 2, vv. 121-142

L'invito di Virgilio si fa insistente	Dunque: che è **perché**, **perché restai**, **perché** tanta viltà nel core allette, **perché** ardire e franchezza non hai, 123
<u>Dato che</u>	<u>poscia che</u> tai tre donne benedette **curan di te** ne la corte del cielo, e 'l mio parlar tanto ben ti promette?». 126
Dante torna protagonista della narrazione	Quali fioretti dal notturno gelo chinati e chiusi, poi che 'l sol li 'mbianca, si drizzan tutti aperti in loro stelo, 129
Le parole di Virgilio lo <u>liberano dalla viltà</u>	tal mi fec'io di mia virtude stanca, e <u>tanto buono ardire</u> al cor mi corse, ch'i' cominciai <u>come persona franca</u>: 132
Le prime parole di Dante sono di ringraziamento	«Oh pietosa colei che mi soccorse! e te **cortese** ch'ubidisti tosto a le vere parole che ti porse! 135
Le parole di Virgilio <u>lo hanno persuaso</u>	<u>Tu m' hai</u> con disiderio <u>il cor disposto</u> sì al venir con **le parole tue**, ch'i' son tornato nel primo proposto. 138
Boccaccio scrive: «'duce' in quanto all'andare, 'signore' in quanto al comandare, 'maestro' in quanto al dimostrare» (Esposizioni sopra la Commedia di Dante, II, 138)	Or va, ch'un sol volere è d'ambedue: **tu duca, tu segnore e tu maestro**». Così li dissi; e poi che mosso fue, intrai per lo cammino alto e silvestro. 142

Vinto e convinto

Riflettiamo

Abbiamo già distinto il Dante personaggio dal Dante autore della *Commedia*; alla stessa maniera dobbiamo distinguere una Beatrice personaggio storico da una Beatrice-simbolo. L'amore di cui ha parlato Beatrice è un amore che discende dall'alto, benedetto dal Cielo; ma è anche l'amore di una donna in pena per il suo amato.

Alla stessa maniera dobbiamo distinguere la doppiezza[46] della parola: se è attraverso la parola che il serpente ha tentato Eva, è attraverso la 'parola di Dio' che l'uomo si salva. Questa dualità[47] della 'parola' la ritroviamo raffigurata in questo Canto II: Virgilio è chiamato da Beatrice (parola); e attraverso il suo racconto (parola) Dante comprende che lui non è altro che uno strumento, perché la vera guida è Beatrice, la sua vera salvatrice. La *parola ornata* di Virgilio ha dunque trionfato: Dante non solo lo seguirà, ma lo vuole fermamente. È vinto e convinto.

Rispondi

1. Prova a spiegare la similitudine della terza terzina (vv. 127 – 129).

2. Come definisce Dante le parole riportate da Virgilio? Perché?

3. Che vuol dire «silvestro» (v. 142)?

IL CANTICO DELLE CREATURE

Pochi sanno che il primo componimento scritto in "italiano" è il *Cantico delle Creature* (1226) di S. Francesco d'Assisi.

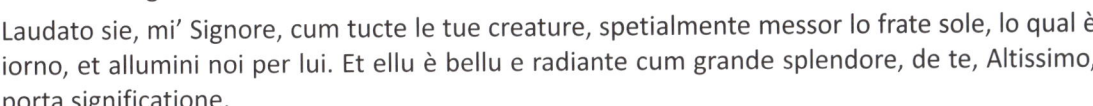

«Altissimu, onnipotente, bon Signore, tue so' le laude, la gloria e l'honore et onne benedictione.

Ad te solo, Altissimo, se konfàno et nullu homo ène dignu te mentovare.

Laudato sie, mi' Signore, cum tucte le tue creature, spetialmente messor lo frate sole, lo qual è iorno, et allumini noi per lui. Et ellu è bellu e radiante cum grande splendore, de te, Altissimo, porta significatione.

Laudato si', mi' Signore, per sora luna e le stelle, in celu l'ài formate clarite et pretiose et belle.

Laudato si', mi' Signore, per frate vento et per aere et nubilo et sereno et onne tempo, per lo quale a le tue creature dài sustentamento.

Laudato si', mi' Signore, per sor'aqua, la quale è multo utile et umile et pretiosa et casta.

Laudato si', mi' Signore, per frate focu, per lo quale ennallumini la nocte: ed ello è

bello et iocundo et robustoso et forte.

Laudato si', mi' Signore, per sora nostra matre terra, la quale ne sustenta et governa, et produce diversi fructi con coloriti flori et herba.

Laudato si', mi' Signore, per quelli ke perdonano per lo tuo amore, et sostengo infirmitate et tribulatione.

Beati quelli che 'l sosterrano in pace, ka da te, Altissimo, sirano incoronati.

Laudato si', mi' Signore, per sora nostra morte corporale, da la quale nullu homo vivente pò skappare: guai a cquelli che morrano ne le peccata mortali; beati quelli kee trovarà ne le tue sanctissime voluntati, ka la morte secunda no 'l farrà male.

Laudate et benedicete mi' Signore' et rengratiate e serviateli cum grande umilitate.»

Questi sono anche gli anni in cui Giotto inventa quella che è la nostra "lingua pittorica". Dipinge il cielo azzurro, le emozioni sui volti (perfino su quelli degli angeli!), le ombre. L'eternità che la pittura medievale rappresentava con il fondo 'oro', Giotto la ritrova nella quotidianità del mondo, nella città, tra palazzi e botteghe, come si può vedere nel ciclo sulla vita di S. Francesco, ad Assisi.

In foto: Giotto, *San Francesco rinuncia ai beni terreni*, 1295-1299 circa, Assisi

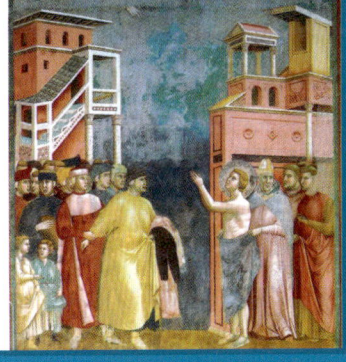

Verifica

Test

1. Rispondi Vero (V) o Falso (F).
   a. Beatrice parla a Dante. V | F
   b. Virgilio sta nell'Inferno, punito per non essere cristiano. V | F
   c. Beatrice ricompenserà Virgilio. V | F
   d. Virgilio non capisce perché Dante esita. V | F
   e. Dante segue Virgilio controvoglia. V | F

2. Nel Canto vengono citati due personaggi che, prima di Dante, erano scesi nel mondo dell'Oltretomba. Chi sono?
   - Ulisse ☐
   - Enea ☐
   - San Pietro ☐
   - San Paolo ☐

3. Qual è il sentimento che prova Dante?
   - Insofferenza ☐
   - Viltà ☐
   - Paura ☐
   - Sfiducia ☐

4. Indica le tre donne 'benedette' che sono accorse in aiuto di Dante.
   _____
   _____
   _____

5. Come si prospetta il cammino di Dante? Trova gli aggettivi nel testo.
   _____
   _____
   _____

6. Che sarà Virgilio per Dante? Trova le parole nel testo.
   _____
   _____
   _____

Interpretazione

Le 3 donne benedette sono anche un'allegoria.

Per te Maria che cosa rappresenta? E Lucia? E Beatrice?

Che cosa hai imparato

1. La *Divina Commedia* non è solo un libro religioso, ma anche politico.
2. Le cause che minacciano l'umanità sono di ordine morale e politico: Dante ribadisce che l'autorità del Papa e quella dell'Imperatore sono parimenti[48] necessarie.
3. La sapienza della ragione mette ordine nelle cose del mondo, ma è solo la Grazia di Dio la garanzia della salvezza dell'uomo.

Canto 3

Guarda la foto:
che cosa rappresenta?

Quale libro ti ricorda questa citazione?

«Achab lasciò cadere una lacrima nel mare»

Prova a collegare le espressioni della colonna a sinistra con le spiegazioni della colonna a destra.

1. Avere fegato
2. Non avere peli sulla lingua
3. Non avere sale in zucca
4. Fare un buco nell'acqua
5. Battere i denti
6. Toccare il cielo con un dito
7. Tenere duro

a. Essere sciocco
b. Essere felice
c. Tremare dal freddo o dalla paura
d. Insistere, non arrendersi
e. Parlare con estrema sincerità
f. Essere coraggioso
g. Fallire un tentativo

Leggi la storia

È la sera di Venerdì Santo, 8 aprile 1300. Dante e Virgilio arrivano alla porta dell'Inferno. Dante legge l'iscrizione sulla porta: l'Inferno è un luogo eterno, creato dalla giustizia divina per punire i peccatori.

Dante ha paura, Virgilio lo prende per mano ed entrano insieme. È tutto buio, non si vede niente ma si sentono grida, voci e lamenti. Dante chiede a Virgilio chi è che grida così forte. Virgilio gli risponde che sono gli ignavi, quelli che sono rimasti sempre neutrali[1], non hanno mai scelto né il bene né il male. Sono nell'Antinferno, perché neanche Lucifero li vuole. Sono nudi, corrono seguendo una bandiera, sono punti da mosche e vespe: il loro sangue, mescolato alle lacrime, è mangiato da vermi. Dante tra questi riconosce qualcuno: Celestino V, che aveva rinunciato ad essere Papa. Arrivano poi ad un fiume, l'Acheronte: molti peccatori sulla riva aspettano di salire sulla barca di Caronte, un vecchio dalla barba bianca e dagli occhi rossi. Quando Caronte vede Dante, ancora vivo, gli urla di andare via, ma le parole di Virgilio lo fermano. Mentre la barca parte con il suo carico di dannati disperati, subito sul lato del fiume arriva un altro gruppo di anime. Improvvisamente un forte terremoto e poi un fulmine accecante spaventano Dante che perde i sensi e sviene.

Parole chiave:
porta
ignavi
Caronte

Dante Alighieri | Inferno

Nella foto: G. Doré, *La porta dell'Inferno*, 1857

Canto 3, vv. 1-12

«Attraverso di me si entra nella città del dolore,
attraverso di me si va nel **dolore eterno**,
attraverso di me si va tra le **anime perdute**. 3

Dio mi ha creato **per giustizia**:
mi hanno costruito la potenza divina (Padre),
la somma sapienza (Figlio) e il primo amore (Spirito Santo). 6

Prima di me non è stato creato nulla,
solo cose eterne, e io durerò eternamente.
Lasciate ogni speranza, voi che entrate qui». 9

Queste parole scritte con colore scuro
ho letto sopra una porta,
poi ho detto: «Maestro, non capisco il significato». 12

- I dannati sono anime perdute, incapaci di fare il bene
- L'Inferno è una creazione di Dio
- L'Inferno è il posto senza speranza
- Dante chiede spiegazioni sul senso, sul significato delle parole

Riflettiamo

Nella preghiera Cristiana del *Credo* si dice:

«Credo in Dio, Padre Onnipotente[2], creatore del cielo e della terra, di tutte le cose visibili ed invisibili»: solo Dio è il creatore di tutte le cose, quindi anche dell'Inferno.

Dio crea l'Inferno per giustizia. Le anime sono punite per i loro peccati.

L'Inferno è il regno dove non c'è speranza. Una descrizione simile la troviamo in *Se questo è un uomo* di Primo Levi (1947), scrittore che racconta la sua prigionia[3] nel campo di concentramento di Auschwitz.

Rispondi

1. Chi ha costruito l'Inferno?

2. Perché esiste l'Inferno?

3. Come è chiamata la città dove Dante sta entrando? (vedi a pagina 44 la sezione *Approfondimenti* oppure fai una ricerca su Internet)

4. «Lasciate ogni speranza» (v. 9) che vuol dire?

Quale espressione descrive la foto?

☐ Mettercela tutta
☐ Darsela a gambe levate
☐ Fregarsene

Canto 3, vv. 13-33

E lui mi ha risposto, come persona saggia:
«Qui è necessario abbandonare ogni esitazione[4]:
15 **non bisogna essere vili**.
Noi siamo arrivati nel luogo dove, come ti ho detto,
vedrai le anime dannate
18 **che hanno perduto la luce di Dio**».
E dopo avermi **preso per mano**,
con volto sorridente, mi sono sentito meglio,
21 mi ha fatto entrare in quel posto segreto.
Qui sospiri, pianti e alti lamenti
suonavano in **quell'aria senza stelle**,
24 e allora ho cominciato a piangere.
Lingue strane, pronunce orribili,
parole di dolore, imprecazioni[5] d'ira,
27 voci acute e flebili[6], e un suono di mani, tutto insieme
creavano un rumore che rimbombava[7] di continuo
in quell'aria eternamente oscura,
30 come la sabbia durante la tempesta.
Ed io, che avevo la testa piena di dubbi,
ho detto: «Maestro, che cos'è quello che sento?
33 e chi sono questi che sembrano così vinti dal dolore?

Virgilio, come un coach, pretende coraggio

Per questo l'Inferno è buio e scuro

È un gesto di affetto di Virgilio

L'aria è buia, non c'è cielo e non ci sono stelle

Tutto è incomprensibile

Rumore e caos

Dante non riesce a comprendere e chiede spiegazioni

Sentire

Gli aggettivi in questa pagina descrivono il black out della ragione: non ci sono parole, ma «sospiri, pianti e lamenti»; le parole sono incomprensibili, sono di lingue diverse perché la lotta tra il bene e il male riguarda tutti i popoli. Poi voci, suoni, rumori, colpi di mani: la prima immagine dell'Inferno è data dal 'sentire' confuso e dal non vedere. La confusione interiore di Dante trova così una rappresentazione nella confusione della scena esterna: l'aria è oscura come oscura era la selva e come oscura è la mente di Dante che infatti è «piena di dubbi». Dante chiede spiegazioni a Virgilio: non lo chiama 'Poeta', ma 'Maestro', perché vuole capire.

Riflettiamo

Rispondi

1. Che cosa fa Dante?
   ☐ Se ne frega
   ☐ Ce la mette tutta
   ☐ Se la dà a gambe levate

Dante Alighieri | LA DIVINA COMMEDIA PER STRANIERI

	Canto 3, vv. 34-69	
Sono le anime degli ignavi[8]	Lui a me: «Questa è la misera condizione delle anime tristi di quelli che **hanno vissuto senza colpe e senza meriti**.	36
Quelli che non hanno mai scelto	Sono insieme a quel gruppo spregevole[9] di angeli che non si sono ribellati né sono stati fedeli a Dio, ma sono rimasti **neutrali** pensando solo a sé.	39
Non sono né in Paradiso né all'Inferno	I cieli li cacciano per non perdere la loro bellezza, l'Inferno non li vuole, perché i dannati non riceverebbero nessuna gloria dalla loro presenza».	42
Perché urlano?	E io: «**Maestro**, che cosa è tanto fastidioso per loro, da farli lamentare così forte?» E lui: «Te lo dirò molto brevemente.	45
Non possono sperare nel Giudizio Universale	Queste anime **non possono sperare di morire**, e la loro condizione è tanto bassa che invidiano qualunque altra sorte[10].	48
Non meritano di essere ricordati	Il mondo non li ricorda; la misericordia[11] e la giustizia divina non li vogliono; **non parliamo di loro**, dai un'occhiata e passa oltre».	51
Seguono tutti una bandiera, che va avanti e indietro	E io, guardando, **ho visto una bandiera** che, girando su se stessa, correva tanto veloce che mi sembrava incapace di fermarsi;	54
Dante è impressionato dal numero di peccatori	e dietro la bandiera veniva una fila di anime tanto lunga, che non credevo che così tanti uomini erano morti.	57
Tra loro riconosce Celestino V che ha rinunciato ad essere Papa	Tra loro ho riconosciuto qualcuno, e ho visto anche l'ombra di quello che per **viltà**[12] ha fatto il famoso rifiuto.	60
Dante capisce subito chi sono questi malvagi	Ho capito subito ed ero certo che questa era la fila dei malvagi che dispiacevano tanto a Dio quanto ai diavoli.	63
Non hanno mai vissuto veramente la vita	Questi sciagurati[13], che **non hanno mai vissuto veramente**, erano nudi e punti continuamente da mosconi[14] e vespe che erano lì, tutt'intorno.	66
Questi dannati erano punti da vespe	Questi animali facevano sanguinare il loro volto, e il loro sangue cadeva a terra mischiato a lacrime ed era mangiato da vermi disgustosi.	69

Sporcarsi le mani

Riflettiamo – Per Dante se un uomo non fa il male non significa che automaticamente fa il bene: nella vita bisogna scegliere. In politica e nella morale.

Rispondi – Gli ignavi seguono una bandiera. Conosci l'espressione 'cambiare bandiera'? Ricerca il significato.

Nella foto: Michelangelo, *Giudizio Universale*, Cappella Sistina, 1535, Roma

Canto 3, vv. 70-96

72	E quando ho guardato avanti, ho visto delle anime sulla riva di un <u>grande fiume</u>; allora ho detto: «Maestro, ti prego di dirmi
75	chi sono quelle anime e perché sembrano così ansiose di passare dall'altra parte, come mi sembra di vedere nella poca luce».
78	E lui a me: «Le cose ti saranno chiare quando arriveremo sulla triste sponda[15] del fiume Acheronte».
81	Allora, abbassando gli occhi dalla vergogna, avendo paura di poter dare fastidio, non ho detto nient'altro fino al fiume.
84	Ed ecco, veniva verso di noi su una barca un vecchio, dalla barba bianca, che gridava: «Maledette anime malvagie!
87	Non sperate più di rivedere il cielo: io vengo per portarvi sull'altra sponda, nelle tenebre eterne, tra le fiamme e il **ghiaccio**.
90	**E tu** che sei lì, **anima viva**, vattene via da questi che sono morti». Ma poiché ha visto che io non me ne andavo,
93	mi ha detto: «Tu arriverai all'approdo **per un'altra via**, **per altri porti**, non certo qui per passare sull'altra sponda; è stabilito che ti porterà una nave più leggera della mia».
96	E la mia **guida**: «Caronte, non arrabbiarti: <u>si vuole così in cielo, dove sta Lui che può fare tutto quello che vuole</u>, perciò non dire altro».

È il <u>fiume Acheronte</u>, uno dei fiumi dell'Inferno

C'è poca luce per vedere

Virgilio gli risponde che deve aspettare

Dante si vergogna

È Caronte: porta le anime da una riva all'altra del fiume

Anche Caronte ripete: 'perdete la speranza!'

Caronte vede Dante e gli parla

La prima profezia: Dante avrà, dopo la morte, un destino diverso

<u>Questa è la formula che Virgilio userà spesso</u>

---

1. Caronte parla dell'Inferno: cosa troveranno i dannati?
   _____

2. Perché Caronte urla contro Dante?
   _____

3. Che cosa significano le parole di Virgilio dette a Caronte?
   _____

Rispondi

Dante Alighieri | Inferno

Canto 3, vv. 97-120

Anche l'acqua è morta, perciò è sporca	Da quel momento si è calmato nel viso coperto di barba il gondoliere di quella <u>sporca palude</u>, che aveva gli occhi rossi come fiamma. 99
Quando hanno capito le parole di Caronte	Ma quelle anime, **che erano nude e stanche**, hanno cambiato colore e cominciato a battere i denti, quando hanno capito quelle parole. 102
I dannati bestemmiano la vita	**Bestemmiavano** Dio e i loro genitori, la specie umana, il luogo, il momento e il seme del loro concepimento e della loro nascita. 105
Chi non teme Dio quando morirà, andrà su quella riva	Poi tutte insieme, piangendo **disperate**, sono andati sulla sponda del fiume infernale che attende ogni uomo che non teme Dio. 108
Le anime che non salivano erano colpite	**Il demonio Caronte**, con gli occhi come brace, fa loro dei gesti, le raccoglie tutte; colpisce con il remo chi si siede. 111
Le <u>foglie</u>	Come d'autunno cadono le foglie, una dopo l'altra, finché il ramo vede a terra tutti <u>quei suoi vestiti</u> 114
Sono <u>i peccatori</u>	così <u>i dannati discendenti di Adamo</u> si buttano da quella riva ad uno ad uno, rispondendo ai gesti di Caronte, come un uccello risponde al richiamo. 117
Dante insiste sul gran numero di peccatori	Così navigano sulle acque scure del fiume, e prima di arrivare dall'altra parte, di qua si è formato già un nuovo gruppo. 120

Riflettiamo

Caronte non parla più dopo le parole di Virgilio e le anime dei dannati cambiano colore (sbiancano[16] per la paura) si disperano, bestemmiano, maledicono il giorno della loro nascita.

Caronte li chiama con dei gesti e loro rispondono "come uccelli che rispondono al richiamo". È questa un'anticipazione di cosa fa il peccato all'uomo: lo fa diventare bestia.

Nella foto: il viso di Caronte nel Giudizio Universale di Michelangelo

Rispondi

1. Trova le differenze tra il Caronte di Dante e quello di Michelangelo.
   _____
   _____
   _____

2. Che cosa fanno i dannati quando comprendono cosa li aspetta?
   _____
   _____
   _____

Canto 3, vv. 121-136

«**Figlio mio**,» disse il nobile maestro,
«tutti quelli che muoiono nel peccato
123   si radunano qui **da tutto il mondo**:

e sono ansiosi di passare il fiume
perché **la giustizia di Dio li sprona**[17]
126   e trasforma così la paura in desiderio.

Di qui non passa nessun'anima buona,
perciò, se Caronte si lamenta di te,
129   puoi capire perché, visto che sei destinato alla salvezza».

Poi, quei luoghi oscuri
hanno tremato così forte che ricordare ora
132   mi bagno ancora di sudore per la paura.

Un terremoto in quella terra bagnata di lacrime
e il lampo di una luce rossa
che ha vinto ogni mio senso;
136   e sono caduto a terra, come un uomo che si addormenta.

Annotazioni a margine:
- I peccatori di ogni religione
- Arriva finalmente la risposta di Virgilio alla domanda di Dante
- Virgilio conferma la profezia per Dante
- È Dante-autore che parla
- Dante per la paura sviene

Riflettiamo

La legge dell'Inferno

Dalla solitudine della selva del primo Canto, dalle due persone del secondo Canto (Dante e Virgilio) siamo passati nel terzo Canto a una folla di dannati: gli ignavi e i dannati che vanno verso il giudizio divino.

Torniamo agli ignavi che sono esclusi dall'Inferno ed esclusi anche dal Paradiso. Questi hanno un comportamento simile al peccato commesso: come hanno cambiato sempre opinione, senza mai scegliere una posizione, così nell'Antinferno corrono seguendo una bandiera. E come non hanno mai versato una goccia di sangue per difendere una causa, ora all'Inferno lo versano per le punture degli insetti.

Questa si chiama 'legge del contrappasso' e vedremo più avanti che cosa significa. Per ora immagina: è simile al Karma o al proverbio latino: "chi di spada ferisce, di spada perisce[10]" (quello che fai, ricevi).

La paura fa …………

Dante sviene per la paura. Trova quale numero nella *Smorfia napoletana* rappresenta la 'paura' e completa l'espressione idiomatica.

Rispondi

1. Perché le anime vogliono passare presto il fiume?

2. Come finisce il Canto?

3. Dante salirà sulla nave? Prova ad immaginare e spiega cosa succederà.

APPROFONDIMENTI

Dove si trova l'Inferno?

L'Inferno si trova esattamente sotto Gerusalemme; questa città è il centro del mondo. L'Inferno è come un imbuto, diviso in 9 cerchi, sempre più piccoli: l'ultimo è occupato da Lucifero che è bloccato nel centro della Terra.

S. Botticelli, *Disegni per la Divina Commedia* commissionati dalla famiglia Medici, *La voragine infernale* (1480)

Nella foto: S. Botticelli, *La voragine infernale*, particolare della porta, 1480

Canto 3, vv. 1-12

«Per me si va ne la città dolente,
per me si va ne l'**etterno dolore**,
3   per me si va tra la **perduta gente**.

Giustizia mosse il mio alto fattore:
fecemi la divina podestate,
6   la somma sapienza e 'l primo amore.

Dinanzi a me non fuor cose create
se non etterne, e io etterna duro.
9   **Lasciate ogne speranza, voi ch'intrate**».

Queste parole di colore oscuro
vid'ïo scritte al sommo d'una porta;
12   per ch'io: «Maestro, il senso lor m'è duro».

È inesorabile la condanna per chi attraversa la porta

Padre, potenza somma; Figlio, sapienza somma; Spirito, carità somma

La durata eterna dell'Inferno è già nei Vangeli

Anche nel Vangelo di Luca c'è una porta per entrare nell'Inferno

Primo Levi in *Se questo è un uomo* (1947) racconta la tragica esperienza nel campo di concentramento di Auschwitz.

«Allora per la prima volta ci siamo accorti che la nostra lingua manca di parole per esprimere questa offesa, la demolizione di un uomo. In un attimo, con intuizione quasi profetica, la realtà ci si è rivelata: siamo arrivati al fondo. Più giù di così non si può andare: condizione umana più misera non c'è, e non è pensabile. Nulla più è nostro: ci hanno tolto gli abiti, le scarpe, anche i capelli; se parleremo, non ci ascolteranno, e se ci ascoltassero, non ci capirebbero. Ci toglieranno anche il nome: e se vorremo conservarlo, dovremo trovare in noi la forza di farlo, di fare sì che dietro al nome, qualcosa ancora di noi, di noi quali eravamo, rimanga.

[...] Di essere a casa nostra seduti a tavola. Di essere a casa e raccontare questo nostro lavorare senza speranza, questo nostro aver fame sempre, questo nostro dormire di schiavi».

Riflettiamo

Il significato delle parole che legge Dante è duro: prova a spiegare perché.

Rispondi

Dante Alighieri | Inferno

Sporcarsi le mani: conosci il nome di uno degli scandali italiani più famosi della storia?
Nella foto un aiuto

Canto 3, vv. 13-33

Virgilio, <u>guida esperta</u>, sprona al coraggio	Ed elli a me, come <u>persona accorta</u>: «Qui si convien lasciare ogne sospetto; **ogne viltà** convien che qui sia morta. 15
Dio è vita, <u>verità</u> e via	Noi siam venuti al loco ov'i' t'ho detto che tu vedrai le genti dolorose c'hanno perduto <u>il ben de l'intelletto</u>». 18
È solo un gesto di affetto da parte di Virgilio?	E poi che **la sua mano a la mia puose** con lieto volto, ond'io mi confortai, mi mise dentro a le segrete cose. 21
Nel Vangelo di Giovanni, Cristo è la luce	Quivi sospiri, pianti e alti guai risonavan per **l'aere sanza stelle**, per ch'io al cominciar ne lagrimai. 24
Provengono da tutto il mondo	**Diverse lingue**, orribili favelle, parole di dolore, accenti d'ira, voci alte e fioche, e suon di man con elle 27
<u>Quell'aria buia in eterno</u>	facevano un tumulto, il qual s'aggira sempre in <u>quell'aura sanza tempo tinta</u>, come la rena quando turbo spira. 30
Dante non riesce a comprendere e chiede spiegazioni	E io ch'avea d'error la testa cinta, dissi: «Maestro, che è quel ch'i' odo? e che gent'è che par nel duol sì vinta?». 33

La prima sensazione

Questo passo segna il primo impatto diretto con le anime dell'Inferno. La violenza delle pene si fa reale: non c'è nessuna gradazione ma un improvviso irrompere di Dante nella tragedia dell'Inferno.

La prima sensazione è quella di una tumultuosa confusione. Nell'oscurità profonda si odono, variamente mescolati, sospiri, pianti, urla di dolore in un climax[19] ascendente che culmina con l'immagine della tempesta di sabbia. Dal Canto I a qui v'è un progressivo indebolimento della vista, allegoria questa per la lontananza dalla luce, che sta per la «diritta via».

Riflettiamo

Rispondi

Che significato allegorico ha il gesto di Virgilio di prendere per mano Dante?

EDILINGUA

Canto 3, vv. 34-69

36	Ed elli a me: «Questo misero modo tegnon l'anime triste di coloro che visser **sanza 'nfamia e sanza lodo**.	Gli ignavi non hanno meriti né demeriti. Sono quelli che non prendono posizione
39	Mischiate sono a quel cattivo coro de li angeli che non furon ribelli né fur fedeli a Dio, **ma per sé fuoro**.	Apocalisse, 3, 15: «poiché non sei né caldo né freddo, sto per vomitarti»
42	Caccianli i ciel per non esser men belli, né lo profondo inferno li riceve, ch'alcuna gloria i rei avrebber d'elli».	Cristo chiede di prendere posizione
45	E io: «**Maestro**, che è tanto greve a lor che lamentar li fa sì forte?». Rispuose: «<u>Dicerolti molto breve</u>.	Queste anime dannate <u>non meritano lunghe digressioni</u>[20]
48	Questi **non hanno speranza di morte** e la lor cieca vita è tanto bassa, che 'nvidiosi son d'ogne altra sorte.	Apocalisse, 9, 6: «Desidereranno morire, ma la morte fuggirà loro»
51	Fama di loro il mondo esser non lassa; misericordia e giustizia li sdegna: **non ragioniam di lor**, ma guarda e passa».	Prima schiera[21]: angeli neutrali e uomini opportunisti
54	E io, che riguardai, vidi **una 'nsegna** che girando correva tanto ratta, che d'ogne posa mi parea indegna;	Seguono uno stendardo[22] privo di senso e valore
57	e dietro le venìa sì lunga tratta di gente, ch'i' non averei creduto che morte tanta n'avesse disfatta.	Dante è impressionato dal numero di ignavi
60	Poscia ch'io v'ebbi alcun riconosciuto, vidi e conobbi l'ombra di colui che fece **per viltade** il gran rifiuto.	Celestino V sarà però fatto Santo nel maggio 1313
63	Incontanente intesi e certo fui che questa era la setta d'i cattivi, a Dio spiacenti e a' nemici sui.	Boccaccio: «mai non deliberano di fare alcuna cosa»
66	Questi sciaurati, che **mai non fur vivi**, erano ignudi e stimolati molto da mosconi e da vespe ch'eran ivi.	Seconda schiera: quelli che pensano di fare e poi non fanno
69	Elle rigavan lor di sangue il volto, che, mischiato di lagrime, a' lor piedi da fastidiosi vermi era ricolto.	Ecco dunque il contrappasso per loro

«Per viltade»

Dante nel *Convivio* spiega che *vile* è opposto a *magnanimo* e Tommaso d'Aquino spiega che *pusillanime* è chi, degno di cose grandi, si rifiuta di occuparsene.

Riflettiamo

Prova a spiegare il contrappasso nell'ultima terzina.

Rispondi

Dante Alighieri | LA DIVINA COMMEDIA PER STRANIERI

Nella foto: G. Dorè, *Caronte*, 1857

Canto 3, vv. 70-96

L'Acheronte segna il confine con l'Oltretomba	E poi ch'a riguardar oltre mi diedi, vidi genti **a la riva d'un gran fiume**; per ch'io dissi: «Maestro, or mi concedi 72
Quale <u>istinto</u>	ch'i' sappia quali sono, e <u>qual costume</u> le fa di trapassar parer sì pronte, com'i' discerno per lo fioco lume». 75
<u>Le cose ti saranno chiare</u>	Ed elli a me: «<u>Le cose ti fier conte</u> quando noi fermerem li nostri passi su la trista riviera d'Acheronte». 78
Dante si vergogna: c'è la stessa cosa nell'*Eneide* (vedi in fondo alla pagina)	Allor con li occhi vergognosi e bassi, temendo no 'l mio dir li fosse grave, infino al fiume del parlar mi trassi. 81
Caronte anche nell'*Eneide* è descritto come traghettatore[23] delle anime	Ed ecco verso noi venir per nave un vecchio, bianco per antico pelo, gridando: «Guai a voi, anime prave! 84
<u>Al caldo e al gelo</u> A differenza dei 'tiepidi' ignavi	Non isperate mai veder lo cielo: i' vegno per menarvi a l'altra riva ne le tenebre etterne, <u>in caldo e 'n gelo</u>. 87
Anche le parole di Caronte sono riprese dall'*Eneide* (Libro VI)	E **tu** che se' costì, **anima viva**, pàrtiti da cotesti che son morti». Ma poi che vide ch'io non mi partiva, 90
La prima profezia: Dante non sarà dannato <u>Su un'altra nave salirai</u>	disse: «**Per altra via, per altri porti** verrai a piaggia, non qui, per passare: <u>più lieve legno</u> convien che ti porti». 93
Questo si vuole là dove ogni volontà può essere realizzata	E **'l duca** lui: «Caron, non ti crucciare: <u>vuolsi così colà dove si puote ciò che si vuole</u>, e più non dimandare». 96

Rispondi

Trova la descrizione di Caronte che Virgilio, poeta e filosofo, fa nella sua opera *Eneide* (Libro VI), vv. 298-304:

_____

_____

_____

Canto 3, vv. 97-120

Quinci fuor quete le lanose gote al nocchier de la livida palude, 99 che 'ntorno a li occhi avea di fiamme rote.	Allora Caronte stette zitto
Ma quell'anime, ch'eran lasse e nude, cangiar colore e dibattero i denti, 102 ratto che 'nteser le parole crude.	Le anime erano prostrate[24] dal conoscere la loro sorte
Bestemmiavano Dio e lor parenti, l'umana spezie e 'l loco e 'l tempo e 'l seme 105 di lor semenza e di lor nascimenti.	Una maledizione totale ed assoluta
Poi si ritrasser tutte quante insieme, **forte piangendo**, a la riva malvagia 108 ch'attende ciascun uom che Dio non teme.	Chi non teme le leggi di Dio quando morirà, andrà sulla riva dell'Acheronte
Caron dimonio, con occhi di bragia loro accennando, tutte le raccoglie; 111 batte col remo qualunque s'adagia.	Caronte è chiamato con un appellativo cristiano
Come d'autunno si levan le foglie l'una appresso de l'altra, fin che 'l ramo 114 vede a la terra tutte le sue spoglie,	Come foglie sugli alberi in autunno
similemente il mal seme d'Adamo gittansi di quel lito ad una ad una, 117 per cenni come augel per suo richiamo.	I peccatori rispondono ai gesti di Caronte, come animali
Così sen vanno su per l'onda bruna, e avanti che sien di là discese, 120 anche di qua nuova schiera s'auna.	Dante insiste sul gran numero di coloro che sono condannati all'Inferno

Giuseppe Ungaretti (1888-1970)

Ungaretti, scrittore e poeta ermetico italiano, scrive questa poesia.

Soldati

Si sta
come d'autunno
sugli alberi
le foglie.

Bosco di Courton, luglio 1918.

Riflettiamo

Prova a spiegare la poesia di Ungaretti. Cosa cambia se la leggi coprendo il titolo e la data?

Rispondi

Dante Alighieri | Inferno

Virgilio spiega quanto già detto al v. 108

Sono stimolati dalla giustizia divina tanto che la paura si muta in desiderio

Da qui non passa anima che sia in grazia di Dio

Gli ignavi, la cui vita fu buia perché cieca, sono in un campo altrettanto buio

Si credeva che un vento sotterraneo fosse causa dei terremoti

Canto 3, vv. 121-136

«**Figliuol mio**», disse 'l maestro cortese,
«quelli che muoion ne l'ira di Dio
tutti convegnon qui **d'ogne paese**:　123

e pronti sono a trapassar lo rio,
ché **la divina giustizia li sprona**,
sì che la tema si volve in disio.　126

Quinci non passa mai anima buona;
e però, se Caron di te si lagna,
ben puoi sapere omai che 'l suo dir suona».　129

Finito questo, la **buia campagna**
tremò sì forte, che de lo spavento
la mente di sudore ancor mi bagna.　132

La terra lagrimosa **diede vento**,
che balenò una luce vermiglia
la qual mi vinse ciascun sentimento;　135
e caddi come l'uom cui sonno piglia.

Riflettiamo

Prodigio

Il canto si chiude con un prodigio: prima c'è un movimento convulso[25] e disordinato, poi si sprigiona un vento e infine questa massa d'aria si accende (balena[26]) con una luce rossastra.

Qual è il significato di questo prodigio? I prodigi sono presenti nei racconti degli eventi religiosi, in quanto preannunciano qualcosa: si pensi alla cometa di Betlemme o all'eclisse di sole che accompagna la morte di Gesù. Dante qui vuol far notare che il suo passaggio dall'altra parte della sponda dell'Acheronte avvenne prodigiosamente.

Il Canto IV, infatti, si apre con un rumore (un "truono") che sveglia Dante dal suo sonno: «e l'occhio riposato intorno mossi».

Rispondi

La foto rappresenta un famosissimo prodigio che si verifica a Napoli. Come si chiama? Quante volte all'anno si verifica?

APPROFONDIMENTI

La visita ai regni dell'oltretomba fa parte di quel genere di letteratura sui viaggi allegorici che diventano popolarissimi a partire dal XII secolo. Già Virgilio narra la discesa di Enea negli Inferi (in foto José Benlliure y Gil, *La barca di Caronte*); Alano di Lilla nel suo *Anticlaudianus* (1181) narra la salita a Dio attraverso il carro delle 7 arti liberali; il *Libro della Scala* (XIII sec.), il cui originale arabo è andato perduto, narra la salita al cielo e la sua visita nell'Oltretomba da parte di Maometto.

Il libro della scala

199 E quando Gabriele aveva finito la sua relazione, io, Maometto, profeta e nunzio[27] di Dio, vidi i peccatori tormentati all'Inferno in tanti modi diversi, per cui nel mio cuore sentii una così grande pietà che per l'angoscia cominciai tutto a sudare; e vidi alcuni tra loro ai quali venivano amputate le labbra con forbici infuocate. E allora chiesi a Gabriele chi fossero. E lui mi rispose che erano quelli che seminano parole per mettere discordia fra le genti. Ed altri, a cui era stata amputata[28] la lingua, erano quelli che avevano testimoniato il falso.

200 Ne vidi altri appesi per il membro[29] ad uncini di fuoco, ed erano quelli che nel mondo avevano commesso adulterio. E dopo vidi un grande stuolo[30] di donne, in numero quasi incredibile, e tutte erano appese per la matrice[31] a grandi travi infuocate. E queste pendevano da catene di fuoco, così straordinariamente ardenti che nessuno sarebbe in grado di esprimerlo. E io chiesi a Gabriele chi fossero quelle donne. E lui mi rispose che erano meretrici[32] che non avevano mai abbandonato fornicazione[33] e lussuria.

202 Allora io chiesi a Gabriele che mi conducesse lontano da quel luogo, perché ero talmente afflitto dalla pietà e dal dolore, per quel che avevo visto, da non poter più reggere. E Gabriele mi domandò: «Maometto, cosa pensi delle cose, così numerose e così grandi che Dio, nella sua pietà, ti ha mostrato?». Ed io gli risposi: «Di certo nessun cuore umano può concepire l'onore e il bene che Dio mi ha recato, poiché mi ha manifestato il suo potere e la sua gloria, e mi ha mostrato i beni e l'onore che attendono i buoni, e le pene e i tormenti che saranno inflitti ai peccatori».

Al che Gabriele mi disse: «Maometto, ti sei bene impresso nel cuore tutto quello che hai visto?». Ed io risposi di sì. Allora lui disse: «Va', dunque, e tutto quel che hai visto, riferiscilo ed illustralo ai tuoi, affinché lo sappiano e si tengano nella giusta via della legge e pensino e facciano in modo di meritarsi il Paradiso e di scampare[34] all'Inferno».

Da: Il libro della Scala di Maometto LXXIX (199-202),
a cura di R. Rossi Testa, Milano, Studio Editoriale, 1991

Verifica

Test

1. Rispondi vero (V) o falso (F).
   a. L'Inferno è stato creato da Dio. V | F
   b. Gli ignavi sono sulla riva dell'Acheronte. V | F
   c. Caronte è un vecchio angelo. V | F
   d. Le anime desiderano salire sulla barca. V | F
   e. Dante sale sulla barca con Virgilio. V | F

2. Che cosa vuol dire *ignavi*?
   _____
   _____
   _____

3. Qual è il fenomeno fisico che si manifesta alla fine del Canto?
   ☐ Burrasca
   ☐ Maremoto
   ☐ Terremoto
   ☐ Temporale

4. Qual è il contrappasso per gli ignavi?
   _____
   _____
   _____

5. Come sono definiti gli ignavi? Trova gli aggettivi nel testo.
   _____
   _____
   _____

5. Che cosa risponde Virgilio a Caronte? Ricordi la frase? Perché Caronte dopo tace?
   _____
   _____
   _____

Interpretazione

Gli ignavi sono peggio degli altri peccatori. Prova a spiegare questo ponendo attenzione anche all'obbligo di partecipare alla vita politica nella Firenze del Trecento.

Che cosa hai imparato

1. L'Inferno è voluto da Dio.
2. Gli ignavi sono peggiori di qualsiasi altro tipo di peccatori.
3. Il viaggio di Dante è un prodigio, voluto dalla Grazia di Dio: per questo non tutto è comunicabile.

Canto 5

Guarda la foto: che cosa rappresenta?

_____
_____
_____

Conosci il titolo del film?

_____

Prova a collegare le espressioni della colonna di sinistra con le spiegazioni della colonna di destra. Completa tu lo spazio vuoto.

1. Essere un donnaiolo
2. Mandare a quel paese
3. Fare il filo a qualcuno
4. Toccare il cielo con un dito
5. Prendersi una cotta
6. Qui, gatta ci cova!
7. Ne vale la pena

a. Maledire qualcuno
b. Essere felicissimi
c. C'è un segreto!
d. Innamorarsi
e. Avere molte donne
f. _____
g. Corteggiare

Leggi la storia

Nel Canto IV Dante è svegliato da un fulmine: visita il Limbo, il posto dove stanno Virgilio e le persone non battezzate che non hanno peccato, perciò non ricevono nessuna punizione. Il Limbo è illuminato da un fuoco e al centro c'è un castello difeso da 7 mura e da un piccolo fiume. In questo castello ci sono gli spiriti 'magni', i sapienti del mondo antico, rappresentati dai 4 poeti (Omero, Orazio, Ovidio e Lucano) e da Virgilio che è il quinto. Questi accolgono e salutano Dante che si sente il sesto.

Quando si salutano, sono le ultime ore di Venerdì Santo, 8 aprile 1300: Dante e Virgilio scendono nel Cerchio II, dove incontrano il giudice Minosse che suggerisce a Dante di non fidarsi[1] di Virgilio. Poi entrano entrambi nel posto dove sono puniti i lussuriosi[2]. C'è una grande tempesta. Dante vede due anime abbracciate e trascinate dal vento, sono due innamorati di Ravenna, Paolo e Francesca. È proprio Francesca a raccontare tutta la storia del loro amore che è stato causa della loro morte: il marito di Francesca, fratello di Paolo, uccide entrambi. Ma Dante non capisce una cosa: come è possibile che un amore così forte e vero è stato causa di dannazione? Francesca gli racconta il momento del bacio e mentre lei parla, Paolo piange. Dante è così sconvolto[3] da questo racconto che perde coscienza e sviene[4].

Parole chiave:
Minosse
Paolo e Francesca
amore

Dante Alighieri | Inferno

Nella foto: G. Doré, *Minosse*, 1857

Canto 5, vv. 1-12

L'Inferno è un imbuto[5]: più si scende più si soffre

Dopo sono sceso dal primo Cerchio al secondo,
che gira per uno spazio minore,
ma **contiene maggior dolore** che spinge a lamentarsi[6].   3

Minosse, il re di Creta, che qui è come una bestia

Minosse sta lì con il suo aspetto orribile e ringhia:
esamina le colpe dei dannati che arrivano;
li giudica e li manda giù girando la coda.   6

Minosse non può essere ingannato[7]

Voglio dire che quando l'anima dannata
si presenta davanti a lui, confessa le sue colpe;
e Minosse **che conosce i peccati**   9

Senza parole, gira la coda e giudica

stabilisce in quale zona dell'Inferno deve andare;
allora gira la coda tante volte
quanti sono i Cerchi che il dannato deve scendere.   12

Riflettiamo

Più si scende nell'Inferno, più si soffre. Il Cerchio I è il Limbo, dove sono le anime dei non battezzati. Minosse è nel Cerchio II: ha il busto di un uomo, non ha le gambe ma ha una coda di serpente, non ha voce ma ringhia[8] come un cane. Come Caronte che senza fermarsi mai, porta le anime da una riva all'altra del fiume, così Minosse, senza fermarsi mai, giudica le anime dei dannati.

Nella foto: *La raffigurazione dell'Inferno* di Giovanni Stradano, *1587*

Rispondi

1. Che cosa fa Minosse?
   _____

2. Come indica ai dannati la loro destinazione?
   _____

Quale espressione è adatta alla foto?

☐ Farsela addosso
☐ Fidarsi
☐ Rimanere di sasso

Canto 5, vv. 13-33

Davanti a lui ci sono sempre moltissime anime:
una dopo l'altra vanno al giudizio,
15 **parlano e ascoltano**, poi sono mandate giù.

«O tu che vieni in questo luogo di dolore»
Mi ha detto Minosse quando mi ha visto,
18 **smettendo un momento** di giudicare

«Attento a come entri e a chi ti stai affidando!
Non farti ingannare dalla facilità dell'ingresso!».
21 E Virgilio rispose: «Perché continui a gridare?

Non impedire il suo viaggio:
**si vuole così in cielo, dove sta Lui che può fare
24 tutto quello che vuole**, perciò non dire altro».

Ora, da questo Cerchio, **inizio** a sentire
le grida di dolore; ora sono giunto nel luogo
27 dove la sofferenza⁹ è tanta e **si sente**.

Io sono arrivato in un luogo **totalmente buio**,
che ha il suono del mare in tempesta
30 quando soffiano venti contrari.

La bufera¹⁰ infernale, che **non si ferma mai**,
trascina e travolge¹¹ le anime;
33 li tormenta¹² sbattendoli¹³ l'uno contro l'altro.

È tutto veloce

Minosse, quando vede Dante, si ferma...

... e gli dice di non fidarsi di Virgilio!

Virgilio usa la stessa frase usata con Caronte

Dante sente in modo speciale questa sofferenza

Di nuovo: non vede, ma sente

La punizione è eterna e non finisce mai

Fidati di me

Perché fidarsi di Virgilio se non è stato capace di salvare se stesso? Questo il senso della parole di Minosse, giudice infernale. E infatti Minosse intende dire che mentre arrivare agli Inferi è una cosa facile, cosa che già Cristo aveva detto nel Vangelo di Matteo, uscirne fuori è molto più difficile. Ancora una volta le parole di Virgilio provocano un effetto chiarissimo: il silenzio.

Nel silenzio del dialogo, Dante avverte con incredibile partecipazione il dolore di quei dannati, dei lussuriosi. I quali ricevono, per contrappasso¹⁴, una punizione che è simile alla vita vissuta.

Riflettiamo

Secondo voi, perché Dante non riesce a vedere a causa del buio e può solo sentire anche in questo inizio del Canto V? Confrontatevi tra di voi.

Rispondi

Dante Alighieri | LA DIVINA COMMEDIA PER STRANIERI

	Canto 5, vv. 34-69
Il giorno della morte di Cristo, anche l'Inferno ha tremato	Quando arrivano davanti alla **frana**, davanti a noi urlano, piangono, si lamentano; qui bestemmiano Dio. 36
È la ragione che deve guidare il piacere	Ho capito che con questa pena sono dannati i peccatori di lussuria, che **sottomettono la ragione al piacere**. 39
Uccelli che viaggiano in gruppo	E come le ali portano gli storni in inverno, formando un grande gruppo, così quel vento trasporta gli spiriti malvagi; 42
Sono disperati	li porta qua e là, su e giù; **non hanno alcuna speranza** che li conforti, né di riposo né di una diminuzione della pena. 45
C'è una fila particolare di anime, che vola in riga	E come le gru cantano i loro lamenti, formando in cielo una lunga riga, così ho visto venire delle anime che si lamentavano 48
Dante è colpito da queste anime	trasportate da quella tempesta; allora ho detto: «Maestro, chi sono queste anime punite così dalla scura bufera? 51
La regina Semiramide, del regno degli Assiri	«La prima tra queste di cui vuoi avere notizie» mi ha risposto così Virgilio, «è stata imperatrice di molti popoli, di diverse lingue. 54
Nel suo regno era permesso ogni desiderio	È stata così lussuriosa, che nel suo regno ha permesso questo vizio per legge, per evitare così la condanna morale che le spettava[15]. 57
Il Sultano nel 1300 governava Babilonia di Egitto	Si chiama **Semiramide**, di cui si sa che era sposa di Nino, poi ha regnato lei: ha governato la terra che ora è governata dal Soldano. 60
Didone, regina di Cartagine	**L'altra è quella che si è suicidata**[16] **per amore**, e non fu fedele alla memoria del marito Sicheo; **poi c'è la lussuriosa Cleopatra**. 63
Achille si era innamorato di Polissena, figlia di Priamo, re di Troia	Vedi anche **Elena**, per lei si è combattuta una lunga e sanguinosa guerra, e vedi il grande **Achille**, che ha combattuto per amore. 66
Paride si era innamorato di Elena; Tristano di Isotta, sposa del re	Vedi **Paride, Tristano**»; e mi ha indicato con il dito e mi ha detto i nomi di più di mille anime, che l'amore ha portato via dalla nostra vita. 69

Per amore

Riflettiamo

Dante guarda le anime dei lussuriosi nella tempesta ma vuole sapere di più su un gruppo in particolare, che vola in riga: sono quelli che sono morti per amore.

Rispondi

In coppia, provate a spiegare perché i lussuriosi ricevono questa punizione.

_____

_____

Bean Dubh a' Ghleanna
è un canto gaelico irlandese medievale. Ascoltalo su Youtube

Nella foto: G. Privati, *Paolo e Francesca*, 1887, Accademia Carrara, Bergamo

Canto 5, vv. 70-99

Dopo aver sentito il mio maestro
nominare **le donne antiche e i cavalieri**,
72   ero così turbato che **quasi svenivo**.

Ho cominciato: «Poeta, **parlerei volentieri**
a quei due che volano **uniti**
75   e sembrano così leggeri al vento».

Mi ha risposto: «Potrai parlargli quando saranno
più vicini a noi; allora tu pregali
78   **per quell'amore che li trascina** e loro verranno».

Appena il vento li ha portati verso di noi,
ho iniziato a parlare: «O anime <u>affannate</u>,
81   venite a parlarci se nessuno lo impedisce!»

Come le colombe spinte dal desiderio amoroso
con le ali ferme e alzate, volano
84   verso il dolce nido, portate dalla volontà;

allo stesso modo sono uscite dal gruppo dove c'è Didone,
venendo verso di noi attraverso l'aria infernale,
87   tanto **forte** e **affettuoso** è stato <u>il mio grido</u>.

«O uomo **cortese** e benevolo,
che vai nell'aria oscura a visitare
90   noi che abbiamo colorato il mondo di sangue,

se il re dell'universo <u>fosse</u> amico,
lo pregheremmo **per la tua pace**,
93   visto che hai pietà del nostro terribile peccato.

Noi ascolteremo e parleremo con voi
di quello che volete, mentre il vento
96   **è più tranquillo**, in questo posto.

La terra dove **sono nata**
sta dove il fiume Po discende in mare
99   con tutti i suoi ruscelli, per trovare pace.

Donne e cavalieri creduti così eccezionali, sono invece all'Inferno

Solo queste due anime sono unite tra loro

L'amore, non la tempesta, trascina i due amanti

<u>Preoccupate</u>
Dante è cordiale

Il desiderio di Dante chiama, la loro volontà di avvicinarsi risponde

<u>L'invito</u> di Dante a parlare

Il tono della risposta è cordiale e cortese

Se Dio <u>è</u> nostro amico (ma non lo è)

Sopra Dante aveva detto che la tempesta non si ferma mai

È nata a Ravenna
Attenzione: sta parlando una donna

Dante ha usato 3 similitudini con gli uccelli, fino a questo momento.
Rileggi tutto il testo e trovale:

1. _____ per descrivere _____
2. _____ per descrivere _____
3. _____ per descrivere _____

Rispondi

Dante Alighieri | Inferno

Canto 5, vv. 100-120

Dice di <u>essere stata uccisa</u>	L'amore, che afferra subito un cuore **nobile**, ha fatto innamorare lui del bel corpo che avevo e che <u>mi è stato tolto</u>; il modo **ancora mi offende**. 102
Un amore che dura anche all'Inferno	L'amore, che non può rifiutare nulla all'amore, ha preso anche me, per la bellezza di lui con tale forza che, come vedi, **non mi abbandona neppure adesso**. 105
<u>Eppure</u>[17] ha parlato solo lei, Francesca	L'amore ci ha portati alla morte **insieme**. La Caina, giù nell'Inferno, attende chi ci ha ucciso». <u>Loro</u> hanno detto queste parole. 108
Dante ha un problema	Quando io ho sentito quelle anime **offese**, ho abbassato la testa e l'ho tenuta bassa fin quando Virgilio mi ha detto: «Cosa pensi?». 111
<u>La morte</u> è dolorosa, perché nel peccato	Quando ho risposto, ho detto: «Oh povero me, quanti dolci pensieri, quale amore ha portato questi due <u>al passo doloroso</u>!». 114
Finalmente il nome: è sempre Francesca a parlare	Poi mi sono rivolto a loro e ho parlato dicendo: «**Francesca**, le tue sofferenze mi fanno diventare triste e mi spingono a piangere. 117
Come hai fatto a capire che vi amavate, l'un l'altro?	Ma dimmi: al tempo della vostra relazione, in che modo e con quali indizi l'amore vi ha concesso di conoscere i vostri **timorosi**[18] sentimenti?» 120

Che donna!

Riflettiamo

Fino a questo momento ha parlato una sola persona: Francesca. È lei che ha risposto a Dante, è lei che lo ha salutato in modo cortese e ha cominciato a parlare della sua storia. Francesca rispetta l'amore cortese, quello dei cavalieri come Lancillotto. Parla di amore e di come è necessario per l'amore avere un cuore gentile, cioè un cuore nobile di sentimenti e non di famiglia. Confessa anche ora, nell'Inferno, a Dante: «quell'amore ancora non mi abbandona».

Dante non riesce a capire: come è possibile che l'amore porta alla morte? Ha bisogno di chiarimenti, deve capire la differenza tra la lussuria e l'amore.

I lussuriosi sono al primo posto nell'Inferno, ma è il posto più lontano da Lucifero: sono perciò meno colpevoli degli altri.

Scopri il nome dell'assassino

Rispondi

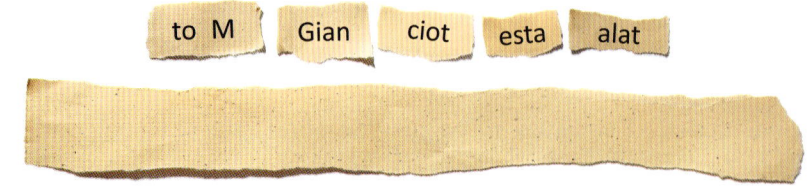

Prova a mettere in ordine i pezzi e trova il suo nome!

Canto 5, vv. 121-142

E lei a me: «Non c'è dolore più grande
che ricordare il tempo felice quando si è nell'infelicità;
123   e questo lo sa bene il tuo maestro.

Ma se tu hai tanto desiderio di conoscere l'origine
del **nostro amore**, allora te lo dirò
126   come chi piange e parla allo stesso tempo.

Un giorno noi leggevamo per svago
di come amore ha preso Lancillotto;
129   eravamo soli e **non immaginavamo niente**.

Più volte **quella lettura** ci portava
a cercarci con gli occhi e a farci impallidire;
132   ma solo un punto particolare ci ha vinti[19].

Quando abbiamo letto che la bocca sorridente di Ginevra
era baciata da un simile amante,
135   **questo qui, che non sarà mai diviso da me**,

mi ha baciato la bocca tutto tremante.
Galeotto è stato il libro e chi lo ha scritto;
138   da quel giorno non abbiamo letto altre pagine».

Mentre uno spirito diceva questo,
l'altro piangeva; così che io per la pietà,
sentendomi morire, sono svenuto.
142   E sono caduto a terra, come un corpo senza vita.

- Anche Virgilio lo sa: la vita era meglio dell'Inferno
- Per Francesca era amore
- Lancillotto e Ginevra, moglie di re Artù
- Tutto parte da un libro
- Francesca lo ripete: Paolo non sarà mai diviso da me
- Galehault era l'intermediario[20] tra Lancillotto e Ginevra
- Paolo piange e Francesca parla
- I ruoli nel mondo medievale sono invertiti

Riflettiamo

Per sempre

Dante vede nella storia di Francesca due cose: il 'per sempre' dell'amore e il 'per sempre' della pena infernale. Due cose che sono opposte. Come ha potuto l'amore portare un dolore eterno? Come è possibile che Francesca continua a ripetere, ferma e decisa, che Paolo non sarà mai diviso da lei, che saranno sempre insieme, che niente li dividerà (neanche l'Inferno)? Nel mondo medievale la parola apparteneva all'uomo: il silenzio della donna medievale era una sua qualità, una delle migliori. In questo racconto troviamo l'opposto: Paolo è in silenzio e piange, Francesca parla e piange.

Un'ultima cosa: Francesca dice che causa del loro amore è stato un libro. Dante, poeta d'amore, ascolta con pietà: che vuol dire? Pietà vuol dire partecipazione del dolore di una persona. Dante poeta comprende che la poesia ha un effetto e per questo allora deve capire bene che cos'è l'amore, quanto è diverso dalla lussuria e se esiste il vero amore. Questo Canto mostra allora la fragilità umana ma anche la sua grandezza.

Rispondi

1. Chi dà il primo bacio?
   _____

2. Come finisce il Canto?
   _____

3. Credi nell'amore eterno?
   _____

Dante Alighieri | LA DIVINA COMMEDIA PER STRANIERI

Paolo e Francesca

Francesca, figlia di Guido da Polenta, signore di Ravenna, ha sposato Gianciotto Malatesta, signore di Rimini: il matrimonio doveva stabilire la pace tra le due famiglie. Francesca si innamora di Paolo Malatesta, fratello del marito e dunque suo cognato. Sorpresa dal marito, Francesca è stata uccisa insieme con Paolo (1285).

Nella foto: Ary Scheffer, *I fantasmi di Paolo e Francesca appaiono a Dante e Virgilio*, 1855, Museo del Louvre, Parigi

L'amore ai tempi di Dante

La storia di Giulietta e Romeo è forse la storia d'amore più famosa di tutte: ma anche questa non è certo una favola come lo sono invece le storie di Walt Disney. Giulietta e Romeo è una tragedia.

Anche la storia di Paolo e Francesca è una tragedia: anche loro muoiono entrambi, uccisi dal marito di lei, che era fratello di Paolo. Dobbiamo capire questo: che cos'è l'amore nel Medioevo? Nelle canzoni provenzali (francesi) l'amore è 'cortese': solo chi ama ha un cuore nobile; la donna amata è incredibile (sublime[21]) e impossibile da avere (di solito è la regina, quindi la donna di un altro); l'uomo (cavaliere) obbedisce alla donna amata e non le chiede nulla in cambio.

La poesia siciliana (Dante la chiama 'scuola siciliana') parla della comunicazione tra il poeta e la donna amata: la comunicazione è fatta di segni, immagini, parole che solo i due amanti capiscono.

Ai tempi di Dante, a Firenze, diventa popolare il 'dolce stil nuovo': la donna amata è una donna-angelo, che ha il compito di guidare l'uomo a Dio. La donna-angelo è il tramite tra Dio e l'uomo. L'amore è dunque una scala di perfezionamento dell'uomo che lo conduce a Dio. Amore è perciò una 'virtù' e non una 'follia' come era stato invece per i Romani antichi.

Dante è uno dei poeti 'stilnovisti' più importanti.

Nelle foto: scene tratte da *Totò all'Inferno* (1955)

Totò arriva all'Inferno (nell'immagine a sinistra è con Caronte); poi Totò incontra Cleopatra (nell'immagine di destra). Cercate altre curiosità riguardo il film su internet.

Canto 5, vv. 1-12

Così discesi del cerchio primaio
giù nel secondo, che <u>men loco cinghia</u>,
e **tanto più dolor**, che punge a guaio.

Stavvi **Minòs** orribilmente, e ringhia:
essamina le colpe ne l'intrata;
giudica e manda secondo ch'avvinghia.

Dico che quando l'anima mal nata
li vien dinanzi, <u>tutta si confessa</u>;
e quel **conoscitor de le peccata**

vede <u>qual loco d'inferno è da essa</u>;
cignesi con la coda tante volte
quantunque gradi vuol che giù sia messa.

La struttura dell'Inferno è <u>a cono rovesciato</u>

«Minosse è inquisitor e scuote l'urna» (*Eneide*, VI, v. 432)

È sempre la giustizia divina a <u>spronarli[22] alla confessione</u>

Conosciuta la natura della colpa, <u>il girone è una conseguenza</u>

Il ragionier Minosse

"Vi si trova Minosse", il mitico re di Creta che gli antichi dissero giudice dei morti: la sua figura è terrificante, metà uomo, metà serpente e con il ringhio di un cane. Come Cerbero ed altri mostri infernali è preso dalla mitologia pagana, ma vive nel posto che però gli assegna la legge cristiana. Giudicare le colpe dei morti era il compito voluto dagli antichi, la tavola di valutazione dei peccati è invece cristiana. Di fatto Minosse è ambiguo: conosce il diritto, conosce ciò che è peccato e ciò che non lo è, eppure si esprime a gesti, bestiali e meccanici. Infatti non c'è nessun dibattito tra le anime e il giudice. Se le prime confessano perché spinte dalla giustizia divina (dal momento che il pentimento[23] è loro di fatto escluso, essendo queste ormai all'Inferno), Minosse si limita semplicemente a registrare il peccato. È un ragioniere, più che un giudice.

Riflettiamo

1. "Il rimorso della coscienza": che cosa significa?
   _____
   _____
   _____

2. In quale girone viene mandato Totò nel film *Totò all'Inferno*? Se non hai visto il film, cerca un estratto su internet.
   _____

Rispondi

Dante Alighieri | Inferno

A sinistra una clip dal film muto *Inferno* del 1911

A destra, Minosse nel *Giudizio Universale* di Michelangelo

Canto 5, vv. 13-33

Le anime sono precipitate giù

Sempre dinanzi a lui ne stanno molte;
vanno a vicenda ciascuna al giudizio;
dicono e odono, e poi son giù volte. 15

Luogo di dolore
Ufficio, compito

«O tu che vieni al doloroso ospizio»,
disse Minòs a me quando mi vide,
lasciando l'atto di cotanto offizio, 18

Spaziosa è la via per entrare all'Inferno (Matteo, 7, 13; *Eneide*, VI, 126)

«guarda com'entri e di cui tu ti fide;
non t'inganni l'ampiezza de l'intrare!».
E 'l duca mio a lui: «Perché pur gride? 21

Il viaggio è voluto da Dio

Non impedir lo suo fatale andare:
**vuolsi così colà dove si puote
ciò che si vuole**, e più non dimandare». 24

Dante scopre per la prima volta la realtà terribile della pena eterna

Or incomincian le dolenti note
a **farmisi** sentire; or son venuto
là dove molto pianto **mi percuote**. 27

Non si fa sentire la voce di Dio

Io venni in loco **d'ogne luce muto**,
che mugghia come fa mar per tempesta,
se da contrari venti è combattuto. 30

Legge del contrappasso

La bufera infernal, che **mai non resta**,
mena li spirti con la sua rapina;
voltando e percotendo li molesta. 33

Smascheramento

Riflettiamo

Il giudizio vero e proprio è stato dato da Dio; il compito di Minosse è solo quello di smistare[24] le anime. Da qui il sarcastico[25] «cotanto offizio» del verso 18 con cui Dante smaschera[26] Minosse: sottolineando la sua grottesca[27] serietà, Minosse è ridicolizzato proprio attraverso quelle funzioni che dovrebbero costituire la sua autorità.

Come già Caronte, anche Minosse è colpito dal trovarsi di fronte un'anima viva e ammonisce Dante di non fidarsi di Virgilio, che è morto e condannato all'Inferno.

Rispondi

Prova a spiegare la punizione che ricevono i lussuriosi secondo la legge del 'contrappasso'.

_____
_____
_____
_____

Canto 5, vv. 34-69

Quando giungon davanti a la **ruina**, / quivi le strida, il compianto, il lamento; / bestemmian quivi la virtù divina.	La natura tremò alla morte di Cristo e anche l'Inferno (Matteo, 27, 51)
Intesi ch'a così fatto tormento / enno dannati i peccator carnali, / che <u>la ragion sommettono al talento</u>.	<u>Il peccato significa abbandonare la guida della ragione</u> (*Convivio* III, 10, 2)
E come li <u>stornei</u> ne portan l'ali / nel freddo tempo, <u>a schiera</u> larga e piena, / così quel fiato li spiriti mali;	<u>Gruppo</u> dei lussuriosi = <u>stormo di stornelli</u>
di qua, di là, di giù, di sù li mena; / **nulla speranza li conforta mai**, / non che di posa, ma di minor pena.	Sono 'disperati'
E come i gru van cantando lor lai, / faccendo in aere di sé <u>lunga riga</u>, / così vid'io venir, traendo guai,	Le gru sono uccelli molto rumorosi e <u>viaggiano disegnando una lunga riga</u>
ombre portate da la detta briga; / per ch'i' dissi: «Maestro, chi son quelle / genti che <u>l'aura nera</u> sì gastiga?»	Qui sta per "<u>tempesta</u>"
«La prima di color di cui novelle / tu vuo' saper», mi disse quelli allotta, / «fu imperadrice di <u>molte favelle</u>.	<u>Di molte lingue, dunque "di molti popoli"</u>
A vizio di lussuria fu sì rotta, / che libito fé licito in sua legge, / per tòrre il biasmo in che era condotta.	Stabilì che a ciascuno fosse lecito fare ciò che gli piacesse
Ell'è **Semiramìs**, di cui si legge / che succedette a Nino e fu sua sposa: / tenne la terra che 'l Soldan corregge.	Dante legge queste notizie nelle *Storie contro i pagani* di Orosio (417 d.C.)
L'altra è colei che s'ancise amorosa, / e ruppe fede al cener di Sicheo; / **poi è Cleopatràs** lussuriosa.	La storia di Didone è nell'*Eneide* (IV, 552)
Elena vedi, per cui tanto reo / tempo si volse, e vedi 'l grande **Achille**, / che <u>con amore al fine combatteo</u>.	Dante legge <u>Benoît de Saint More</u> (1160)
Vedi **Parìs, Tristano**»; e più di mille / ombre mostrommi e nominommi a dito, / ch'amor di nostra vita dipartille.	Tristano era il più popolare tra i protagonisti del ciclo di re Artù

Donne antiche e cavalieri

Il mondo antico della storia (Semiramide, Cleopatra), della poesia (Elena, Didone, Achille, Paride) e della cavalleria (Tristano): le 4 donne si oppongono alle 4 donne magnanime[28] del Canto IV: Lucrezia, Giulia, Marzia e Cornelia sono esempi di amore coniugale e di dedizione familiare.

Riflettiamo

Quante donne sono nominate? Quanti uomini?

Rispondi

Dante Alighieri | LA DIVINA COMMEDIA PER STRANIERI

Nella foto: G. Dorè, *Paolo e Francesca*, 1857

Canto 5, vv. 70-99

Poscia ch'io ebbi il mio dottore udito
nomar **le donne antiche e ' cavalieri**,
pietà mi giunse, e fui **quasi smarrito**.   72

I' cominciai: «Poeta, **volentieri
parlerei** a quei due che 'nsieme vanno,
e paion sì al vento esser leggeri».   75

Ed elli a me: «Vedrai quando saranno
più presso a noi; e tu allor li priega
per quello amor che i mena, ed ei verranno».   78

Sì tosto come il vento a noi li piega,
mossi la voce: «O anime affannate,
venite a noi parlar, s'altri nol niega!».   81

Quali colombe dal disio chiamate
con l'ali alzate e ferme al dolce nido
vegnon per l'aere dal voler portate;   84

cotali uscir de la schiera ov'è Dido,
a noi venendo per l'aere maligno,
sì **forte** fu l'**affettuoso** grido.   87

«O animal **grazioso e benigno**
che visitando vai per l'aere perso
noi che tignemmo il mondo di sanguigno,   90

se fosse amico il re de l'universo,
noi pregheremmo lui **de la tua pace**,
poi c'hai pietà del nostro mal perverso.   93

Di quel che udire e che parlar vi piace,
noi udiremo e parleremo a voi,
mentre che 'l vento, come fa, <u>ci</u> tace.   96

Siede la terra dove **nata fui**
<u>su la marina dove 'l Po discende</u>
per aver pace co' seguaci sui.   99

<u>Il giudizio è fuori dal tempo, astorico</u>: sono tutti sullo stesso piano

Per la prima volta Dante esprime il desiderio di voler parlare alle anime

L'amore travolgente 'li porta', come la tempesta

<u>Dio</u> non viene mai nominato nell'Inferno

Il paragone è in *Eneide* (V, 213-217)

Forza della voce e intensità affettiva del tono

'Grazioso' appartiene al linguaggio cortese

La cortesia non abbandona Francesca, nonostante sia all'Inferno

<u>Qui</u>

<u>È la città di Ravenna, in Emilia Romagna</u>

Rispondi

Francesca risponde a Dante con cortesia. Trova tutte le parole, nel testo, che lo confermano.

_____
_____
_____

Canto 5, vv. 100-120

	Amor, ch'al **cor gentil** ratto s'apprende
	prese costui de la bella persona
102	che mi fu tolta; e 'l modo **ancor** m'<u>offende</u>.
	Amor, <u>ch'a nullo amato amar perdona</u>,
	mi prese del costui piacer sì forte,
105	che, come vedi, **ancor non m'abbandona**.
	Amor condusse **noi ad una morte**:
	Caina attende chi a vita ci spense».
108	Queste parole da lor ci fuor porte.
	Quand'io intesi quell'anime **offense**,
	china' il viso e tanto il tenni basso,
111	fin che 'l poeta mi disse: «Che pense?».
	Quando rispuosi, cominciai: «<u>Oh lasso</u>,
	quanti dolci pensier, quanto disio
114	menò costoro al doloroso passo!».
	Poi mi rivolsi a loro e parla' io,
	e cominciai: «**Francesca**, i tuoi martìri
117	a lagrimar mi fanno tristo e pio.
	Ma dimmi: al tempo d'i dolci sospiri,
	a che e come concedette Amore
120	che conosceste i **dubbiosi disiri**?».

'Offendere' sta per 'vincere': Francesca è stata vinta da Amore

L'amore supera la volontà individuale (Andrea Cappellano, *De Amore*, IX)

Identità della sorte e identità del volere degli amanti

Dante è turbato: in lui il conflitto tra il poeta e il cristiano

Oh misero me!

Dante è commosso, la parola non è pronta, sicura. Incespica

Vuole sapere quando l'amore si rivelò chiaramente

Il film *Ieri, Oggi e Domani* (1963) con Sophia Loren e Marcello Mastroianni è articolato in 3 episodi, ambientati nelle 3 più grandi città italiane, Napoli, Milano e Roma.
A Napoli, Sophia è Adelina, una venditrice abusiva di sigarette.
A Milano è Anna, una ricca signora milanese che intrattiene una tresca amorosa con un uomo di modeste condizioni.
A Roma è Mara, una squillo[29] che abita in un appartamento di Piazza Navona.

Riflettiamo

Prova a completare le battute della Loren, nell'episodio di Mara, guardando il film *Ieri, Oggi e Domani*: «Ho fatto un _____». «Una settimana _____ presto!». «E fa' _____ seria!»

Rispondi

Canto 5, vv. 121-142

La seconda parte del discorso è una dolorosa rievocazione

«Ma se è tanto l'amore di conoscere le nostre vicende» (*Eneide*, II, 10)

Francesca è una raffinata donna di palazzo

Nella storia di Lancillotto leggevano la loro storia

È un grido di passione, questo di Francesca

La storia narrata e il poeta, Chrétien de Troyes

Le parole dell'una, il pianto dell'altro vincono Dante

E quella a me: «Nessun maggior dolore
che ricordarsi del tempo felice
ne la miseria; e ciò sa 'l tuo dottore.   123

Ma s'a conoscer la prima radice
del **nostro amor** tu hai cotanto affetto,
dirò come colui che piange e dice.   126

Noi leggiavamo un giorno per diletto
di Lancialotto come amor lo strinse;
soli eravamo e **sanza alcun sospetto**.   129

Per più fiate li occhi ci sospinse
quella lettura, e scolorocci il viso;
ma solo un punto fu quel che ci vinse.   132

Quando leggemmo il disïato riso
esser basciato da cotanto amante,
questi, **che mai da me non fia diviso**,   135

la bocca mi basciò tutto tremante.
Galeotto fu 'l libro e chi lo scrisse:
quel giorno più non vi leggemmo avante».   138

Mentre che l'uno spirto questo disse,
l'altro piangea; sì che di pietade
io venni men così com'io morisse.
E caddi come corpo morto cade.   142

Riflettiamo

Bocca di Rosa

Il poeta-cantautore Fabrizio De André (1940-1999) scrive una canzone dal titolo *Bocca di rosa* (Album: *Volume I*, 1967). Di seguito le prime 4 strofe.

La chiamavano bocca di rosa
Metteva l'amore, metteva l'amore
La chiamavano bocca di rosa
Metteva l'amore sopra ogni cosa

Appena scese alla stazione
Nel paesino di Sant'Ilario
Tutti si accorsero con uno sguardo
Che non si trattava di un missionario

C'è chi l'amore lo fa per noia
Chi se lo sceglie per professione
Bocca di rosa né l'uno né l'altro
Lei lo faceva per passione

Ma la passione spesso conduce
A soddisfare le proprie voglie
Senza indagare se il concupito
Ha il cuore libero oppure ha moglie

Rispondi

Ascolta il testo della canzone di De Andrè. Alle seguenti definizioni associa le rispettive parole usate nel testo:

1. La persona desiderata, voluta _____
2. Donna di paese _____
3. Le persone tradite _____
4. Polizia _____
5. Sacramento religioso _____

Andrea Cappellano

Andrea Cappellano (cappellano della contessa di Champagne) nel 1185 scrive un trattato chiamato *De Amore*, diviso in tre parti, nelle quali insegna come si conquista, come si conserva e come si fugge l'amore.

Individua 4 gradi d'amore:
- il primo consiste nel dare speranza;
- il secondo nell'elargizione[30] del bacio;
- il terzo nel permesso degli abbracci;
- il quarto nella concessione di tutta la persona.

E avverte: «Però non si addice[31] a donna saggia appagare troppo presto l'amante con sì grande concessione, e correre al dono del quarto grado saltando i tre primi. La norma è di procedere adagio e con ordine. Sulle prime, la donna si limiti a dare speranza e solo quando avrà constatato che l'amante progredisce in nobiltà di costumi e per la ricevuta speranza diventa più virtuoso, non tema di passare al secondo grado. Così per gradi, potrà arrivare fino all'ultimo, se troverà che sotto tutti i riguardi l'uomo ne sia degno». (*De Amore*)

Nella foto: Corte d'amore in Provenza, Manoscritto del XIV secolo, Biblioteca Nazionale di Parigi

Le corti d'amore

A partire dal XII secolo compaiono le 'corti d'amore', organizzazioni di donne che ricalcavano l'istituzione giudiziaria: le signore discutevano sia di questioni di diritto (per esempio: 'può l'amore esistere tra persone sposate?') sia di casi particolari che gli amanti esponevano loro.

Una delle corti più famose era quella di Champagne, citata da Andrea Cappellano, protetta da Maria di Francia (1145-1198). Ecco una sentenza, riportata da Stendhal nel suo *De l'amour* (1882).

«Domanda: 'Il vero amore può esistere tra persone sposate?'

Sentenza della Contessa di Champagne: 'Noi diciamo e certifichiamo, col presente deliberato, che l'amore non può stendere i suoi diritti su due persone sposate. Infatti gli amanti si accordano su tutto, mutualmente e gratuitamente, senza essere costretti da alcun motivo di necessità, mentre gli sposi sono costretti per dovere a subire reciprocamente le loro volontà, e a non rifiutarsi nulla tra loro. Questo verdetto, che abbiamo decretato con estrema prudenza, e seguendo il consiglio di moltissime altre dame, sia per voi una verità costante e irrefragabile. Così giudicato, l'anno 1174, il terzo giorno delle calende di maggio, indizione VII'».

Verifica

Test

1. Rispondi Vero (V) o Falso (F).
   a. Minosse parla con le anime e le giudica.   V | F
   b. I giri di coda indicano la destinazione per il dannato.   V | F
   c. La più lussuriosa è Cleopatra.   V | F
   d. Paolo e Francesca sono abbracciati.   V | F
   e. Dante muore.   V | F

2. Confronta Caronte e Minosse.
   _____
   _____
   _____

3. Tra le donne ricordate c'è un importante personaggio virgiliano. Quale?
   Elena ☐
   Semiramide ☐
   Didone ☐
   Cleopatra ☐

4. Qual è il contrappasso per i lussuriosi?
   _____
   _____
   _____

5. Perché Paolo e Francesca sono puniti tra i lussuriosi?
   _____
   _____
   _____

6. Perché Dante sviene?
   _____
   _____
   _____

Interpretazione

Dante vuole capire come mai l'amore che potenzia ed arricchisce l'animo degenera[32] in peccato. Francesca gli risponde raccontandogli del bacio. È questo il momento in cui la passione fa precipitare gli innamorati nel peccato.

Responsabile è anche il libro e con il libro tutta la letteratura d'amore? Perché?

Che cosa hai imparato

1. Minosse è grottesco, è un demonio e indirizza i dannati.
2. La lussuria è il peccato più lontano da Lucifero.
3. Dante è confuso: l'amore di Paolo e Francesca è un sentimento autentico e positivo o un rapporto amoroso peccaminoso?

Canto 6

Guarda la foto: scrivi la prima parola che stai pensando.

Secondo te, lui è:

☐ Ignavo
☐ Lussurioso
☐ Goloso

Non si vive di solo pane

Conosci la cucina italiana? Prova a completare le frasi con le seguenti parole: *colori - cottura - cappuccino - al dente - ketchup - pasta - mangiare*

1. La pasta deve essere _____ .
2. Mai bere il _____ durante i pasti!
3. Mai mettere l'olio nell'acqua di _____ della pasta.
4. Evita di _____ da solo davanti alla tv: la famiglia è tutto.
5. Mai mettere il _____ sulla pasta!
6. Per le verdure e la frutta segui i _____ delle stagioni.
7. Non mettere la _____ sulla pizza!

Leggi la storia

È Venerdì Santo, 8 aprile 1300, circa mezzanotte. Dante riprende coscienza, ma si trova nel Cerchio III e subito vede dei peccatori nel fango mentre sono sotto una pioggia fortissima. Cerbero, un demonio[1] con 3 teste che ringhia come un cane è il custode di questo Cerchio. Virgilio riesce a calmarlo, buttando terra nella sua gola.

Così attraversano il Cerchio dei golosi: uno dei peccatori si alza. Dante non riesce a riconoscerlo: è Ciacco, un cittadino di Firenze, famoso per il vizio[2] della gola. Dante parla con lui di Firenze. Ciacco gli rivela il futuro: i Guelfi Neri prenderanno il potere e per i Guelfi Bianchi ci sarà l'esilio[3], lo stesso destino anche per Dante. Ciacco spiega che Firenze ormai è piena di 3 vizi: avarizia[4], superbia[5], invidia[6]. Dante gli chiede il destino di altri famosi personaggi politici, ma scopre che i meriti politici non sono stati sufficienti per fargli guadagnare la salvezza, visto che sono pure loro all'Inferno. Ciacco chiede a Dante di essere ricordato nel mondo e poi cade di nuovo nel fango. Virgilio allora ricorda a Dante che Ciacco si alzerà di nuovo quando ci sarà il Giudizio Universale per sentire la condanna definitiva. Allora i due continuano a camminare e a parlare tra loro, fino ad arrivare nel Cerchio IV.

Parole chiave:
Cerbero
Ciacco
golosi

Dante Alighieri | Inferno

Nella foto: V. Campi, *Mangiatori di ricotta*, 1580, Musée des Beaux-Arts, Lione

Canto 6, vv. 1-12

Sono Paolo e Francesca

Quando mi sono ripreso, dopo aver perduto i sensi
a causa della pietà verso i due cognati,
che **mi aveva riempito il cuore di tristezza**, 3

Ovunque si vedono nuovi dannati:
Dante è arrivato in un altro Cerchio

vedo intorno a me **nuovi** tormenti
e nuovi dannati, ovunque mi muova
e mi giri e guardi intorno. 6

Mandata dalla giustizia divina, porta male (punizione) per i dannati

Sono nel III Cerchio, dove cade una pioggia
eterna, **maledetta**, fredda e pesante;
la sua intensità e la sua qualità non cambiano mai. 9

Neve, grandine e acqua nera creano un fango puzzolente⁷

Nell'aria oscura cade grandine grossa,
acqua sporca e neve; la terra che ne è bagnata
ha un odore **sgradevole**. 12

Riflettiamo

Rispondi

1. Conosci il posto in foto? È in Campania.

2. In che anno il Vesuvio ha distrutto Pompei ed Ercolano?

Quale espressione è adatta alla foto?

☐ Avere sale in zucca
☐ Essere un pezzo di pane
☐ Essere una buona forchetta

Canto 6, vv. 13-33

Cerbero, **animale crudele e mostruoso**,
<u>latra</u> con le sue tre teste come un cane
15 sopra i dannati che qui sono sommersi nel fango.

Ha gli occhi rossi, la barba sporca e unta,
la pancia gonfia e le zampe con artigli;
18 graffia, ferisce e fa a pezzi i dannati.

La pioggia **li fa urlare come cani**;
cercano di proteggersi l'un l'altro;
21 **si girano spesso** quei miserabili peccatori.

Quando Cerbero, **il mostro orribile**, ci ha visti,
ha aperto le bocche e ci ha mostrato le zanne;
24 non aveva parte del corpo ferma.

E il mio maestro ha aperto le mani,
ha preso un po' di terra e con i pugni pieni
27 l'ha buttata nelle gole del mostro.

Come quel cane che abbaia per la fame,
e poi si tranquillizza quando prende <u>il boccone</u>,
30 **e non pensa altro che a mangiare**,

allo stesso modo si sono tranquillizzati quei musi sporchi
del **demonio** Cerbero, che stordisce[8] così tanto le anime
33 che vorrebbero essere sorde.

Il cane non parla, <u>abbaia forte</u>

Anche Cerbero, come Caronte e Minosse, ha gli occhi rossi

Il goloso sembra un animale

Cerbero è più bestiale di Caronte e Minosse

Virgilio infatti non parla con lui

<u>Il cibo</u>

Cerbero si comporta come un cane e ha una voce così forte che stordisce

Vorace

Cerbero è un cane mostruoso che è già presente nella mitologia classica e ovviamente anche in Virgilio (*Eneide*, VI, 417). Qui è simbolo della voracità[9] insaziabile[10].

Nella foto: *Cerbero* nell'illustrazione della *Divina Commedia* di W. Blake, 1824-7, Tate, Londra

Riflettiamo

L'aspetto fisico di Cerbero rappresenta bene il vizio della gola. Trova nel testo le parole che ti ricordano una persona golosa, che mangia troppo.

Rispondi

Dante Alighieri | LA DIVINA COMMEDIA PER STRANIERI

	Canto 6, vv. 34-63
Un pavimento di anime	**Noi camminavamo sulle anime** che la pioggia pesante opprime e mettevamo i piedi sui loro corpi inconsistenti[11], che **hanno l'aspetto umano.** 36
Un peccatore si è seduto, restando nel fango	Loro erano tutte sdraiate per terra, **eccetto una** che **si è seduta** quando ci ha visto passare davanti. 39
Sfida Dante: «Sai capire chi sono io?»	«O tu che sei guidato attraverso l'Inferno, - ha detto a me - **riconoscimi, se ci riesci**! tu sei nato prima della mia morte». 42
La sua faccia è anche sporca di fango	E io a lui: «La faccia che hai per la **sofferenza** forse ti rende irriconoscibile nella mia mente, così mi sembra di non averti mai visto. 45
Dante dimentica di essere solo all'inizio dell'Inferno	Ma dimmi chi sei tu che ti trovi in questo luogo di dolore e subisci una pena che, se anche altre sono più gravi, **nessuna è odiosa come questa**». 48
«Sono nato a Firenze», una città piena di invidia	E lui ha risposto: «La tua città, che è tanto piena di **invidia** da superare ogni limite, mi ha ospitato nella vita terrena. 51
Ciacco: forse un soprannome o il nome corto di Giacomo (Jacques)	Voi cittadini mi chiamavate **Ciacco**: a causa della colpa della gola, come vedi, sono punito dalla pioggia. 54
Qui, nel Cerchio III, non ci sono gruppi distinti	E io, **anima colpevole**, non sono solo qui, perché tutte queste altre anime subiscono la stessa punizione a causa dello stesso peccato». Poi non ha detto più nulla. 57
Anche qui piange. Ma è più preoccupato per Firenze	Io ho risposto: «Ciacco, il tuo dolore mi pesa tanto che mi viene da piangere; ma dimmi, se lo sai, **quale sarà il destino** 60
La sfida di Dante: 3 domande su Firenze	degli abitanti della **città divisa**; **se qualcuno di loro è giusto**; e **dimmi il motivo della discordia**[12] che l'ha assalita». 63

Riflettiamo

Ciacco dice che Firenze è piena di invidia. Per invidia Dante qui non indica solo la gelosia tra uomo e uomo, ma insieme ambizione e desiderio di potere che porta l'uomo a perseguitare e anche ad uccidere. E infatti Dante dopo chiede 3 cose: il destino di Firenze, il motivo della guerra civile e soprattutto se tra i fiorentini c'è qualche uomo giusto.

Rispondi

In molte espressioni idiomatiche italiane compaiono nomi di animali. Completa le frasi.

1. Non aver paura, non fare il _____! (coniglio - cane - gallo)
2. Dimmi la verità, sputa il _____!(verme - toro - rospo)
3. Sono gelosa, lei è una _____ morta! (oca - balena - gatta)
4. Lui fa il _____ con tutte, ma inutilmente. (cane - porco - gallo)
5. Tagliamo la testa al _____: decidiamo! (cane - toro - leone)
6. Quella ragazza non ha _____ per la testa. (farfalle - grilli - gatti)
7. Che schifo! Che _____! (verme - porco - serpente)

Nella foto: *Cavalieri medievali*

Canto 6, vv. 64-84

E quello a me: «Dopo un lungo scontro
<u>verranno alla guerra</u>, e i Guelfi Bianchi
66   cacceranno i Guelfi Neri con gravi danni.

Poi **è destino** che i Bianchi cadranno prima di tre anni,
e i Neri ritorneranno **con l'aiuto di <u>un uomo</u>**
69   che ora è neutrale tra le due fazioni[13].

I Neri avranno a lungo il potere,
con pesanti condanne cacceranno via i Bianchi,
72   anche se questi si lamentano.

I fiorentini giusti sono **pochissimi** e nessuno li ascolta;
superbia, invidia e avarizia sono
75   le tre scintille che hanno acceso i cuori».

E con queste parole ha finito il suo discorso doloroso.
E io a lui: «Voglio che mi spieghi
78   e che parli **ancora** con me.

Farinata Degli Uberti, e il Tegghiaio, che sono stati così degni
cittadini, Iacopo Rusticucci, Arrigo, Mosca dei Lamberti
81   e tutti gli altri che hanno fatto bene per la città

dimmi dove sono e dimmi il loro destino;
perché desidero veramente molto sapere
84   se sono beati in Paradiso o dannati all'Inferno».

In questo momento è l'8 aprile 1300
Il <u>1 Maggio 1300</u>: la guerra

<u>Papa Bonifacio VIII</u>

Ricordiamolo: Dante è tra i Bianchi, cioè gli sconfitti

Le cause della guerra in città sono morali

Dante non vuole smettere di parlare

Sono tutti personaggi storici, più vecchi di Dante

Erano politici 'esemplari': ma sono all'Inferno

È questo il tema del Canto: la politica. In ogni Canto VI, dell'Inferno, del Purgatorio e del Paradiso Dante parlerà sempre di politica. In questo Canto, Ciacco rivela a Dante il destino della città raccontando gli eventi successi tra il 1300 e il 1303: Papa Bonifacio VIII manda Carlo di Valois, fratello del re francese Filippo il Bello a Firenze (1301) per mettere pace. Ma in realtà Carlo aiuta i Neri a cacciare i Bianchi, che erano oppositori del Papa, tra di questi vi era anche Dante.

Per il poeta è evidente che per portare di nuovo la pace a Firenze è necessaria una riforma morale. Infatti anche gli uomini della generazione precedente, considerati esempi, sono in realtà tutti all'Inferno.

Riflettiamo

1. Chi prenderà il potere a Firenze?
   _____

2. Quali sono le cause della guerra civile a Firenze?
   _____

3. Quale parola nel testo spiega l'interesse di Dante per la politica?
   _____

Rispondi

Dante Alighieri | Inferno

Canto 6, vv. 85-99

Le loro colpe sono più gravi di quella di Ciacco	E lui: «Quelli sono tra le anime **più malvagie**: varie colpe li hanno portati nel fondo dell'Inferno: se scenderai fin laggiù, li potrai vedere. 87
Il tempo della vita è <u>dolce</u> rispetto all'Inferno	Ma quando tu sarai tornato nel **dolce mondo** terreno, ti prego di ricordarmi ai vivi: non ti dico altro e non ti rispondo più». 90
Ciacco, mentre cade, guarda Dante	Allora Ciacco ha rivolto lo sguardo verso di me, **mi ha guardato un poco e poi ha abbassato la testa**: poi è caduto insieme alle altre anime dannate. 93
<u>Ciacco si rialzerà di nuovo solo all'Apocalisse</u>	E il maestro mi ha detto: «Non si rialzerà più, <u>fino al suono della tromba angelica</u>, <u>quando verrà **il Giudice nemico**</u>: 96
<u>Anche il corpo risorgerà per condividere premio o castigo</u>	ciascuno di essi rivedrà la sua triste tomba, <u>prenderà di nuovo il proprio corpo</u>, **ascolterà la sentenza finale**». 99

Riflettiamo

Così come Ciacco racconta a Dante un fatto futuro, anche le parole di Virgilio parlano di fatti del futuro. L'Apocalisse verrà in futuro ed è cosa molto più sicura e certa di altre, per un uomo del Medioevo.

'Ciacco' è un soprannome. Anche il titolo di questo film di Nanni Moretti (del 2006) è un 'soprannome': lo conosci? Prova a trovarlo.

Rispondi

Completa la tabella sulla Repubblica Italiana. Cerca le informazioni su internet.

Palazzo Chigi	È la sede del Governo Italiano
Palazzo della Farnesina	
Palazzo Montecitorio	
	È la sede del Presidente della Repubblica
	Giornata di Liberazione dal Fascismo
Tricolore	
2 giugno 1946	

Canto 6, vv. 100-115

102	Siamo passati così su quella disgustosa mescolanza[14] di anime e fango, a passi lenti, parlando un poco della <u>vita futura</u>;
105	per questo gli ho detto: «Maestro, queste pene aumenteranno dopo il Giudizio universale, o diminuiranno o resteranno uguali?»
108	E lui a me: «**Ripensa a quello che hai studiato**, quanto più una creatura è perfetta, tanto più sentirà il piacere e il dolore.
111	Anche se questi dannati maledetti non saranno mai veramente perfetti, dopo il Giudizio <u>saranno più completi di ora</u>».
115	Noi abbiamo percorso il Cerchio in tondo, dicendo **molte altre cose che non scrivo**; poi siamo arrivati al punto dove si scende nel IV Cerchio: qui abbiamo trovato Pluto, il gran nemico.

Dante e Virgilio parlano della <u>vita dopo la morte</u>

Qui si parla di teologia

Anima e Corpo sono la perfezione per sentire sia il bene che il male

Perché <u>avranno di nuovo il corpo</u>

La strada segue il bordo del Cerchio

Pluto

Il Canto VII inizia con il grido incomprensibile di Pluto, presentato come «maledetto lupo», potentissimo mostro che prova a spaventare Dante. Pluto è il custode del Cerchio degli avari e prodighi (di chi non vuole spendere mai e di chi spende troppo). Non ci sono personaggi citati in questo Canto dato che sono tutti condannati a rimanere anonimi. Ciacco aveva detto a Dante di parlare di lui alle persone vive, di non farlo dimenticare, come stava succedendo per gli altri.

Nella foto: G. Doré, *Pluto*, 1857

Riflettiamo

1. Di cosa parlano Dante e Virgilio?
   _____

2. Chi è Pluto?
   _____

3. Tu "hai le mani bucate" o "il braccino corto"?
   _____

Rispondi

Dante Alighieri | LA DIVĪNA COMMEDIA PER STRANIERI

APPROFONDIMENTI

Studiare al tempo di Dante

Nel Medioevo era la Chiesa ad occuparsi di istruzione: c'erano scuole religiose che erano aperte ai ragazzi che poi facevano la carriera ecclesiastica. Il re italiano, Lotario, nell'825 crea 9 scuole in Italia per formare funzionari di alto livello. Si studiavano le 'Arti liberali' del Trivio (la grammatica, la retorica e la dialettica) e del Quadrivio (l'aritmetica, la geometria, l'astronomia e la musica) e anche le scienze religiose, visto che i professori erano tutti monaci.

Dopo l'anno Mille le cose cominciano a cambiare: in relazione alle necessità legate alle professioni mercantili ed artigianali, nascono le prime scuole professionali in lingua volgare (e non in latino) che avevano docenti volontari. Dal XII secolo diventano popolari le scuole comunali: i professori erano sotto il diretto controllo delle autorità cittadine, che li sceglievano e li pagavano. Un ragazzo poteva cercare un posto come apprendista presso la bottega di qualche artigiano o completare le scuole superiori. Le scuole di grammatica, logica e retorica erano dedicate a chi avrebbe poi proseguito gli studi, mentre le scuole di "abaco" istruivano i ragazzi che volevano diventare mercanti.

Nella foto: S. Botticelli, *Giovane introdotto alle arti liberali*, 1486 circa, nel Museo del Louvre di Parigi

L'università

L'**università** è nata a Bologna nel 1088: oggi l'Università di Bologna ha il motto '*Alma mater studiorum*' che vuol dire '*Madre prolifica[15] delle università*'. Bologna aveva sperimentato il primo insegnamento libero, vale a dire completamente indipendente dall'autorizzazione statale e dal controllo del potere pubblico e religioso. Di fatto, l'Università era auto-governata da professori e studenti.

L'**Università di Napoli** è stata fondata da Federico II il 5 giugno 1224: è la più antica università del mondo fondata attraverso un provvedimento statale. A Napoli hanno studiato Giovanni Boccaccio e Francesco Petrarca.

Particolarmente significativa è anche la **Scuola Medica Salernitana**, la più importante scuola medica d'Europa che, a differenza di ogni altra, dava molto spazio alle donne.

Dice S. Tommaso d'Aquino: «Sono altre quattro le città preminenti, Parigi nelle scienze, Salerno nelle medicine, Bologna nelle leggi, Orleans nelle arti».

Nella foto: H. Bosch, *Sette peccati capitali. Gola*, 1525, Museo del Prado, Madrid

Canto 6, vv. 1-12

Al tornar de la mente, che si chiuse
dinanzi a la pietà d'i due cognati,
3   che di **trestizia** **tutto mi confuse**,

novi tormenti e **novi** tormentati
mi veggio intorno, come ch'io mi mova
6   e ch'io mi volga, e come che io guati.

Io sono al terzo cerchio, de la piova
etterna, **maladetta**, fredda e greve;
9   regola e qualità mai non l'è nova.

Grandine grossa, acqua tinta e neve
per l'aere tenebroso si riversa;
12   **pute** la terra che questo riceve.

Boccaccio ci spiega che ci sono 2 tipi di tristezza: per quello che uno non può ottenere o per gli sbagli commessi

Boccaccio dice che è maledetta perché è un supplizio[16]

Il fango puzza: anche l'odorato[17] ora è importante

5 rimedi contro la tristezza

Per S. Agostino la tristezza è «gemina», cioè doppia: da un lato è il sentimento di colpa per i propri peccati (e quindi può diventare uno strumento di salvezza); dall'altro rappresenta la mancanza di speranza nella grazia divina. S. Tommaso usa il termine 'malinconia' per mettere insieme 'tristezza' e anche 'accidia', che indica la 'noia' propria del monaco che sta nel convento. Ciacco dice di essere «anima trista» (v. 55) e quando Dante incontrerà gli accidiosi nel Canto VII dell'Inferno, anche loro diranno: «tristi fummo» (VII, v. 121). Una curiosità: proprio S. Tommaso propone 5 rimedi contro la tristezza, quello che oggi potremmo tradurre con "cattivo umore":

1. un qualsiasi piacere (del tipo, mangiare cioccolata);
2. piangere (e dunque imparare a piangere);
3. amici (condividere la vita tra amici allevia il dolore);
4. contemplazione della verità (e dunque della bellezza: musica, arte);
5. dormire e fare un bagno.

Riflettiamo

Il fango puzza: prova a spiegare l'allegoria, ricordando che siamo ormai nel Cerchio dove si puniscono gli ingordi.

Rispondi

Nella Foto: G. Dorè, *Cerbero*, 1857

Canto 6, vv. 13-33

Cerbero, **fiera crudele e diversa**,
con <u>tre gole</u> caninamente latra
sovra la gente che quivi è sommersa. 15

Li occhi ha vermigli, la barba unta e atra,
e 'l ventre largo, e unghiate le mani;
graffia li spirti, ed iscoia ed isquatra. 18

Urlar li fa la pioggia **come cani**;
de l'un de' lati fanno a l'altro schermo;
volgonsi spesso i miseri profani. 21

Quando ci scorse Cerbero, **il gran vermo**,
le bocche aperse e mostrocci le sanne;
non avea membro che tenesse fermo. 24

E 'l duca mio distese le sue spanne,
prese la terra, e con piene le pugna
la gittò dentro a le bramose canne. 27

Qual è quel cane ch'abbaiando agogna,
e si racqueta poi che 'l pasto morde,
ché **solo a divorarlo intende e pugna**, 30

cotai si fecer quelle facce lorde
de lo **demonio** Cerbero, che 'ntrona
l'anime sì, ch'esser vorrebber sorde. 33

Pietro di Dante dice che 3 erano <u>le parti del mondo allora conosciuto</u>

Cerbero è brutto, violento e feroce

I dannati latrano come cani, allo stesso modo di Cerbero

Lo stesso appellativo[18] usato per Lucifero: «vermo» (Canto XXXIV, v. 108)

Nell'*Eneide*, la Sibilla fa la stessa cosa (VI, vv. 420-421)

L'ingordo Cerbero si acquieta mangiando

Le anime vorrebbero essere incapaci di sentire quei latrati mostruosi di Cerbero

Riflettiamo

Giacobbe e le lenticchie

Nella Bibbia si racconta di Esaù che un giorno, ritornato da una battuta di caccia sfinito ed affamato, s'imbatte in Giacobbe, suo fratello minore, che ha preparato una minestra di lenticchie. La richiesta è immediata: «lasciami mangiare un po' di questa minestra rossa perché sono sfinito». E Giacobbe pone una condizione: «Vendimi subito la primogenitura[19]» e dunque il relativo asse patrimoniale. Esaù è accecato dalla voglia di cibo: «Sto morendo di fame, che me ne faccio della primogenitura?». E Giacobbe: «Allora giuramelo subito».

Dio apparirà in sogno a Giacobbe, promettendogli la terra sulla quale stava dormendo e un'immensa discendenza. In seguito, Dio chiamerà Giacobbe 'Israele'.

Rispondi

Cerbero è simbolo della voracità insaziabile e indica, nello stesso tempo, col suo aspetto, le conseguenze del vizio della gola. Trova le parole nel testo.

Canto 6, vv. 34-63

Noi passavam su per l'ombre che adona
la greve pioggia, e ponavam le piante
36 sovra **lor vanità** che **par persona**.

Elle giacean per terra tutte quante,
fuor d'una ch'a seder si levò, <u>ratto</u>
39 ch'ella ci vide passarsi davante.

«O tu che se' per questo 'nferno tratto»,
mi disse, «**riconoscimi, se sai**:
42 tu fosti, prima <u>ch'io disfatto, fatto</u>».

E io a lui: «L'**angoscia** che tu hai
forse ti tira fuor de la mia mente,
45 sì che non par ch'i' ti vedessi mai.

Ma dimmi chi tu se' che 'n sì dolente
loco se' messo e hai sì fatta pena,
48 che, s'altra è maggio, **nulla è sì spiacente**».

Ed elli a me: «La tua città, ch'è piena
d'invidia sì che già trabocca il sacco,
51 seco mi tenne in la vita serena.

Voi cittadini mi chiamaste **Ciacco**:
per la dannosa colpa de la gola,
54 come tu vedi, a la pioggia mi fiacco.

E io **anima trista** non son sola,
ché tutte queste a simil pena stanno
57 per simil colpa». E più non fé parola.

Io li rispuosi: «Ciacco, il tuo affanno[20]
mi pesa sì, ch'a lagrimar mi 'nvita;
60 ma dimmi, se tu sai, **a che verranno**

li cittadin **de la città partita**;
s'alcun v'è <u>giusto</u>; e dimmi la cagione
63 per che l'ha tanta discordia assalita».

Il loro vizio, la loro vanità, ha forma di corpo, è come una scorza

<u>Velocemente</u> un dannato si mette seduto

Tu <u>fosti fatto</u> (nato) prima che io fossi <u>disfatto</u> (morto)

Nell'italiano antico, angoscia è sofferenza fisica

Questa pena offende la dignità umana

Invidia, nel senso politico: invidia per il potere

È protagonista di una novella del Boccaccio (*Decameron*, XI, 8)

<u>Colpevole</u>

Per la prima volta Dante parla di Firenze

Giusto, nel senso biblico, è <u>chi è fornito di ogni virtù</u>, umana e spirituale

---

Ciacco, rispondendo a Dante, profetizza un futuro di guerra civile tra le due fazioni che a Firenze si contendono il potere. Nel Canto VI del Purgatorio Dante condannerà l'Italia, «nave senza nocchiero[21]» in balia delle contese. Nel Canto VI del Paradiso, Dante constaterà che il grande passato dell'Impero è ormai tramontato: si combatte solo per interesse.

Riflettiamo

Fai una piccola ricerca su internet e scopri quando sono successi questi eventi della storia italiana.

1. _____: la data dell'armistizio italiano. Da questo momento scoppia anche la guerra civile tra fascisti e partigiani.
2. _____: Mussolini, prigioniero sul Gran Sasso, viene liberato e portato in Germania su ordine di Hitler.
3. _____: Mussolini annuncia per radio la costituzione della Repubblica Sociale Italiana, nel Nord Italia.
4. _____: viene firmata la resa di Caserta.

Rispondi

7 settembre 1303

Nella foto: *Sala dello schiaffo*, Palazzo Bonifacio VIII, Anagni

Canto 6, vv. 64-84

E quelli a me: «Dopo lunga tencione verranno al sangue, e la <u>parte selvaggia</u> caccerà l'altra con molta offensione.	66
Poi appresso **convien** che questa caggia infra tre soli, e che l'altra sormonti con **la forza di tal** che testé piaggia.	69
Alte terrà lungo tempo le fronti, tenendo l'altra **sotto gravi pesi**, come che di ciò pianga o che n'aonti.	72
<u>Giusti **son due**</u>, e non vi sono intesi; **superbia, invidia e avarizia** sono le tre faville c'hanno i cuori accesi».	75
Qui puose fine al lagrimabil suono. E io a lui: «**Ancor** <u>vo' che mi 'nsegni</u>, e che di più parlar mi facci dono.	78
Farinata e 'l Tegghiaio, che fuor sì degni, Iacopo Rusticucci, Arrigo e 'l Mosca e li altri <u>ch'a ben far puoser li 'ngegni</u>,	81
dimmi ove sono e fa ch'io li conosca; ché gran disio mi stringe di savere se 'l ciel li addolcia, o lo 'nferno li attosca».	84

Sono i <u>Cerchi</u> che venivano dal contado: i nuovi ricchi

<u>Conviene</u>: la politica di Papa Bonifacio VIII è opportunistica

Dante oltre l'esilio aveva ricevuto anche l'<u>onta</u>[22] <u>della condanna a morte</u>

<u>Di cittadini giusti ce ne sono pochi</u>

Le parole dei dannati sono <u>maestre di verità</u>

<u>Che hanno operato per il bene della città</u>

Un'altra situazione di conflitto, tra giudizio umano e giudizio divino

I Cerchi e i Donati

Riflettiamo

I Guelfi Bianchi, facenti capo alla famiglia dei Cerchi, erano i nuovi ricchi; i Guelfi Neri, facenti capo alla famiglia dei Donati, erano i vecchi ricchi. Il 1 Maggio del 1300 un gruppo di giovani Neri tagliò il naso a Ricoverino de' Cerchi: l'ennesima violenza che scatena una guerra ancora maggiore. Ai primi di Giugno 1301 i Guelfi Neri si riunirono decidendo di cacciare i Guelfi Bianchi, ma la congiura[23] venne scoperta. Papa Bonifacio VIII mandò allora Carlo di Valois, fratello del re di Francia Filippo il Bello, a riordinare le sorti di Firenze. Ma in realtà questi favorì la parte Nera il cui programma politico era quello dell'espansione comunale, dell'alleanza con tutte le forze guelfe d'Italia e delle connessioni d'affari con il regno di Napoli e la Curia Romana.

Rispondi

1. Trova il nome di chi prese a schiaffi Bonifacio VIII ad Anagni.

2. Quale fu la conseguenza dello schiaffo?

Canto 6, vv. 85-99

87	E quelli: «Ei son tra **l'anime più nere**: diverse colpe giù li grava al fondo: se tanto scendi, là i potrai vedere.	Quelli che erano i migliori cittadini sono ancora più giù nell'Inferno
90	Ma quando tu sarai nel **dolce mondo**, priegoti ch'a la mente altrui mi rechi: più non ti dico e più non ti rispondo».	Ciacco vuole vivere almeno nel ricordo degli uomini
93	Li diritti occhi torse allora in biechi; **guardommi un poco, e poi chinò la testa**: cadde con essa a par de li altri ciechi.	Il tempo concesso per il colloquio è finito: l'ultimo sguardo di Ciacco
96	E 'l duca disse a me: «Più non si desta di qua dal suon de l'angelica tromba, quando verrà **la nimica podesta**:	Dio, giudice e avversario di ogni male
99	ciascun rivederà la trista tomba, ripiglierà sua carne e sua figura, udirà quel ch'**in etterno rimbomba**».	Il riferimento è il Vangelo di Matteo

Il *Giudizio Universale* dipinto da Giotto (1306) per la Cappella degli Scrovegni di Padova.

Il *Giudizio Universale* dipinto da Michelangelo (1536) per la Cappella Sistina di Roma.

Riflettiamo

1. Guarda le foto del Giudizio Universale: che cosa le differenzia?

   _____

2. Cristo come giudice è raffigurato anche nel Duomo di Orvieto: da chi è stato dipinto?

   _____

3. Il Cristo di Orvieto regge in mano un globo: in quante parti è diviso? Nel testo del Canto, Pietro di Dante ci ha suggerito un'interpretazione allegorica che si riferiva a questo: ritrovala.

   _____

Rispondi

Dante Alighieri | Inferno

Canto 6, vv. 100-115

Sì trapassammo per sozza mistura
de l'ombre e de la pioggia, a passi lenti,
toccando un poco **la vita futura**; 102

per ch'io dissi: «Maestro, esti tormenti
cresceranno'ei dopo la gran sentenza,
o fier minori, o saran sì cocenti?». 105

Ed elli a me: «**Ritorna a tua scienza**,
che vuol, quanto la cosa è più perfetta,
più senta il bene, e così la doglienza. 108

Tutto che questa gente maladetta
in vera perfezion già mai non vada,
di là più che di qua essere aspetta». 111

Noi aggirammo a tondo quella strada,
parlando **più assai ch'i' non ridico**;
venimmo al punto dove si digrada:
quivi trovammo Pluto, **il gran nemico**. 115

Riflettiamo

L'ingordo fa del ventre il suo Dio e si immerge nelle delizie terrene

Dopo il Giudizio, le anime soffriranno di più?

Si riferisce al *De Anima* di Aristotele, secondo Pietro di Dante

I beati accresceranno la loro felicità, i dannati il loro tormento

Pluto è simbolo del denaro, ostacolo al vero cristiano

Arcangelo Michele

Il Canto VII si apre con una frase di Pluto: «Papè Satàn, papè Satàn aleppe!». È una minaccia: 'papè' e 'Satàn' sono due parole accentate, Dante ha voluto così far riconoscere la derivazione greca di questi due nomi, come ha fatto nel Canto V a proposito dei nomi dei lussuriosi. 'Aleppe' richiama invece l'*Aleph*, la prima lettera dell'alfabeto ebraico, che sta per 'Dio': anche in italiano manteniamo l'esclamazione con la prima lettera del nostro alfabeto 'Ah!'. La frase suona dunque così: "Ohibò Satana, ohibò Satana, oh dio!". Virgilio mette a tacere Pluto ricordandogli come l'arcangelo Michele sconfisse l'angelo ribelle Lucifero.
7 Chiese della Penisola Sorrentina godono del 'diritto di patronato' (XII sec.), ovvero la possibilità da parte dei fedeli di eleggere il parroco della Chiesa. Una di queste è la Basilica di S. Michele

Nella foto: Raffaello, *San Michele e il drago*, 1505, Museo del Louvre, Parigi

Rispondi

Trova le 7 Chiese della Penisola Sorrentina che godono del 'diritto di patronato'.

1. _____
2. _____
3. _____
4. _____
5. _____
6. _____
7. _____

APPROFONDIMENTI

La condanna di Dante

Presso l'Archivio di Stato di Firenze è custodito il *Libro delle condanne delle famiglie ribelli del Comune di Firenze (dall'anno 1302 al 1378)*, detto *Libro del Chiodo* perché sulla copertina ha impresso un chiodo. Il libro contiene la copia di tutte le registrazioni dei bandi stabiliti contro i Ghibellini e i Guelfi Bianchi dichiarati colpevoli di ribellione al Comune. Tra i nomi dei condannati figura anche quello di Dante Alighieri, dichiarato colpevole di: baratteria, illeciti arricchimenti ed estorsione[24]; avere approvato stanziamenti[25] contro il Sommo Pontefice e contro Carlo di Valois per impedirne la venuta; aver operato per dividere Pistoia in parti e per espellere i Neri.

Tutti gli imputati sono condannati in quanto rei confessi[26] per non essersi presentati, in conformità alla procedura penale fiorentina che equiparava la contumacia[27] alla confessione.

Ecco il testo della sentenza del 10 marzo 1302: «Alighieri Dante è condannato per baratteria[28], frode, falsità, dolo[29], malizia, inique[30] pratiche estortive, proventi[31] illeciti, pederastia[32], e lo si condanna a 5000 fiorini di multa, interdizione[33] perpetua dai pubblici uffici, esilio perpetuo (in contumacia), e se lo si prende, al rogo[34], così che muoia».

La campagna giudiziaria orchestrata[35] da Cante dei Gabrielli colpisce i dirigenti "bianchi" che avevano occupato cariche pubbliche: **l'uso politico della giustizia** persegue un obiettivo evidente, epurare la classe dirigente "bianca".

Il *Principe* di Machiavelli

Nel capitolo XVIII de *Il Principe* (1532), Machiavelli scrive: «In che modo i Principi devono mantenere la parola data.

Ci sono due modi di combattere: con la legge (modo proprio dell'uomo), o con la forza (modo proprio delle bestie). <u>Ma siccome il primo molte volte non basta, occorre ricorrere al secondo</u>. Ad un Principe è necessario sapere usare la bestia e l'uomo. E siccome il Principe deve saper bene usare la parte animale, deve prendere di questo la qualità della volpe e del leone, perché il leone non si difende dai lacci e la volpe non si difende dai lupi. Perciò <u>un Principe savio[36] non deve essere fedele</u> se tale fedeltà gli ritorna contro, perché siccome gli uomini non la porterebbero bene a lui, anche lui non la deve portare a loro. Della natura di volpe è necessario prendere <u>il saper ingannare gli uomini</u>. Ad un Principe non è necessario avere tutte le suddette qualità, ma sembrare di averle. Anzi, avendole tutte, gli sono dannose, <u>ma parendo di averle</u>, tornano invece utili». (sottolineature aggiunte dai curatori)

Una ricetta dell'antica Roma

Apicio nasce intorno al 25 a.C. e scrive il *De re coquinaria*, una specie di manuale di cucina. Di seguito una ricetta contenuta nell'opera.

Salsa con erbe per pesce fritto

Pulisci, lava e fai friggere il pesce che vuoi. Pesta pepe, cumino, semi di coriandolo, radice di silfio (una specie di finocchio selvatico), origano, ruta. Tritura e aggiungi l'aceto. Aggiungi datteri cariotti, miele, mosto cotto, garum (salsa di pesce). Lavora, versa in una pentola e fai bollire. Dopo che ha bollito, innaffia il pesce fritto. Condisci con pepe e servi.

Verifica

Test

1. Rispondi Vero (V) o Falso (F).
   a. Dante spiega come è sceso nel Cerchio III.   V | F
   b. Cerbero è un demonio trifauce.   V | F
   c. Virgilio non sa che fare.   V | F
   d. Dante riconosce Ciacco.   V | F
   e. Ciacco rivela la sorte di Firenze.   V | F

2. Confronta il crescendo di bestialità in Caronte, Minosse e Cerbero.
   _____
   _____
   _____

3. Tra quesi nomi c'è un intruso. Quale?
   Filippo il Bello ☐
   Carlo di Valois ☐
   Farinata degli Uberti ☐
   Bonifacio VIII ☐

4. Qual è il contrappasso per i golosi?
   _____
   _____
   _____

5. Quali sono le scintille che hanno acceso i cuori dei fiorentini?
   _____
   _____
   _____

6. Ordina le risposte di Ciacco alle 3 domande di Dante.
   _____
   _____
   _____

Interpretazione

«Giusti son due» dice Ciacco, al verso 73. Pietro di Dante intende 'giusti' da 'ius' latino, quindi come 'i due diritti', quello umano e quello divino, entrambi disattesi dai Fiorentini.

Per Boccaccio invece i giusti erano realmente due, perché Dante si riteneva tale con l'amico Cavalcanti.

«Per pochi giusti» è un'espressione che ricorre anche nella Bibbia. Nella lingua italiana ci sono espressioni idiomatiche che usano i numeri: trova qualche esempio e prova a formulare la tua ipotesi circa l'interpretazione del verso 73.

Che cosa hai imparato

1. Il bestiale Cerbero incarna il vizio della gola.
2. L'ingordigia è il peccato che rende simili a 'bestie' gli uomini.
3. Dante è confuso: com'è possibile che gli uomini grandi della generazione precedente, quelli che tutti dicono aver operato per il bene della città, si trovano nell'Inferno?

Canto 10

Guarda la foto: è in una città italiana piena di acqua, quale?

Di che segno sei?

Quali sono le caratteristiche del tuo segno zodiacale?

Sarà quel che sarà!

Questo è il testo della canzone *Ci sarà* di Albano e Romina (1984). Ascoltala e completa il testo:

Devi crederci,

ci _____,

una storia d'amore ed un _____ migliore,

ci sarà un _____ più intenso ed un cielo più immenso,

ci sarà la tua ombra al mio fianco _____ di bianco,

ci sarà anche un modo più _____ per dirsi ti amo di più.

Leggi la storia

Parole chiave:
Farinata
futuro
esilio

È Sabato 9 aprile 1300, poco dopo la mezzanotte: Dante e Virgilio sono nella palude Stigia dove vedono gli iracondi[1], che combattono tra di loro violentemente. Arriva una barca con il demone Flegiàs che porta Dante e Virgilio sotto le mura della città di Dite. Arrivati all'ingresso della città, Virgilio parla con i diavoli che lo prendono in giro e non lo fanno entrare. Dante dubita di Virgilio e della possibilità di arrivare fino al fondo dell'Inferno. Improvvisamente arriva un angelo del cielo (Canto IX): tutti i diavoli fuggono via e le porte della città si aprono. Dante e Virgilio superano le mura ed entrano in una grande pianura, dove ci sono delle tombe aperte.

Sono le 3 del mattino del 9 aprile: Dante chiede se può parlare con qualcuno dei dannati. Uno di loro, sentendo Dante, si alza dalla tomba, è Farinata degli Uberti, ghibellino, un suo nemico. Farinata dice a Dante che tra qualche anno andrà in esilio, cacciato da Firenze. Dalla tomba vicino si alza Cavalcanti che ha riconosciuto Dante e gli chiede del figlio Guido, suo amico: ma Dante non risponde e Cavalcanti pensa male. Mentre Farinata parla di politica, Dante gli chiede come fa a conoscere il futuro e lui gli risponde che i dannati possono vedere solo il futuro. Dante è richiamato da Virgilio: Farinata torna nella tomba, ma le sue parole lo hanno sconvolto[2]. Virgilio però lo invita ad aspettare la verità sul suo futuro parlando con Beatrice. Arrivano così nel Cerchio VI.

Dante Alighieri | Inferno

È un bacio di addio o è un bacio dopo il ritorno?
Immagina il futuro: che succede dopo?

_____
_____
_____

Nella foto: F. Hayez, *Il bacio*, 1859, Pinacoteca di Brera, Milano

È un sentiero[3] che nessun altro prende

L'Inferno scende giù a spirale

I demoni non ci sono più, cacciati dall'angelo nel Canto IX

Dopo il Giudizio Universale

Il contrappasso

Canto 10, vv. 1-15

Adesso il mio maestro va avanti
per un **sentiero nascosto**, tra le mura della città e le tombe,
e io lo seguo.   3

«O sommo sapiente, che per i Cerchi infernali
mi guidi» ho detto «ti prego,
parlami e soddisfa il mio desiderio.   6

Si potrebbero vedere i dannati che sono nelle tombe?
Tutti i coperchi sono sollevati
e **non c'è nessun custode**».   9

E lui a me: «Saranno tutti richiusi
quando le anime torneranno nella valle di Giosafat
con i corpi che hanno lasciato sulla Terra.   12

In questa parte del Cerchio hanno il loro cimitero
Epicuro e tutti i suoi seguaci,
che dicono che l'anima muore con il corpo.   15

Riflettiamo

Epicuro è nato a Samo nel 341 a.C e muore ad Atene nel 270 a.C. Nelle sue *Massime* scrive:

1. grazie alla filosofia l'uomo può liberarsi dalle passioni, dalla paura della morte e dalla paura degli dèi: così raggiunge la felicità.
2. L'anima, con la morte del corpo, muore, quindi non è immortale.

Nella foto: Epicuro come lo immagina Raffaello nella *Scuola di Atene*, 1510, Musei Vaticani, Roma

Rispondi

1. Quando si chiuderanno le tombe?
   _____

2. Qual è il contrappasso per chi crede che l'anima muore?
   _____

Quale espressione è adatta alla foto?

- [ ] Fare capolino
- [ ] Fare i capricci
- [ ] Fare un pisolino

Canto 10, vv. 16-36

Perciò il desiderio che mi hai svelato,
ben presto sarà soddisfatto
18 e **anche quell'altro che tu non vuoi dirmi**».

E io: «Mia buona guida, io non ti nascondo alcun sentimento
del mio cuore, se non per parlare poco: **sei stato proprio tu**
21 **a insegnarmi questo in varie occasioni**».

«**O Toscano**, che te ne vai **vivo** per la città del fuoco
parlando in modo così **dignitoso**,
24 fermati per favore.

Il tuo accento indica che sei nato
in quella nobile patria alla quale,
27 **forse**, io sono stato troppo fastidioso».

Questa voce è uscita **improvvisamente**
da una delle tombe: allora ho avuto paura
30 e mi sono avvicinato un poco di più al mio maestro.

E lui mi ha detto: «**Girati, che fai?**
Non vedi laggiù Farinata che **si è sollevato**?
33 Lo puoi vedere dalla pancia in su».

Io avevo già incrociato[4] il mio sguardo con il suo;
lui era dritto con la fronte e il petto alti,
36 **come se disprezzasse tutto l'Inferno**.

Di vedere Farinata

Nel Canto III Virgilio chiede a Dante di aspettare

Farinata è colpito dalla voce di Dante

Farinata pensa: "la storia forse mi condannerà"

Dante ha paura

Virgilio è stupito[5]: "non vedi che è Farinata?!"

Farinata è in piedi: gli importa solo di Firenze, non delle sue sofferenze

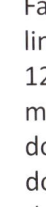

Farinata degli Uberti

Farinata dal 1239 era il capo dei Ghibellini ed era riuscito a vincere i Guelfi nel 1248; poi questi lo avevano cacciato e mandato a Siena. Era rientrato a Firenze dopo la vittoria di Montaperti, nel 1260, dove aveva vinto e cacciato per la seconda volta i Guelfi dalla città. Quando i Ghibellini (il suo partito) avevano deciso di distruggere Firenze, solo lui li aveva fermati. Muore nel 1264 ma è condannato per eresia nel 1283!

Riflettiamo

Trova su Internet lo stemma della famiglia Uberti e descrivilo.

_____
_____
_____

Rispondi

Dante Alighieri | LA DIVINA COMMEDIA PER STRANIERI

Canto 10, vv. 37-63

Virgilio dice: "mi raccomando, attento a come parli!"	E le mani di Virgilio, pronte e incoraggianti, mi spingevano verso di lui, in mezzo alle tombe e mi diceva: «Fa' che le **tue parole siano dignitose**». 39
Farinata è più vecchio di Dante, deve capire bene	Quando sono arrivato ai piedi della tomba, lui mi ha guardato un poco e poi, **quasi con disdegno**[6], mi ha domandato: «Qual era il tuo gruppo?» 42
Dante risponde: sono guelfo	Io, che ero desideroso di obbedire, con sincerità ho rivelato a lui tutto; allora lui ha alzato un poco le ciglia, 45
Era stato proprio Farinata a cacciare via i Guelfi	poi ha detto: «Loro sono stati aspri nemici miei, della mia famiglia e della mia parte politica, al punto che per due volte li ho cacciati da Firenze». 48
Dante gli risponde a tono	Io gli ho risposto: «Anche se erano stati cacciati, sono tornati poi da ogni parte, in entrambe le occasioni; i vostri, invece, non sono stati altrettanto bravi». 51
Farinata è nella tomba ma in piedi, questa anima no	Allora accanto a quella di Farinata si è alzata un'ombra, fino **all'altezza del mento**: forse era inginocchiata[7]. 54
Quest'anima sta cercando qualcun'altro	Ha scrutato la situazione intorno a me, come per vedere **se c'era qualcun altro con me**; e poi, quando ha finito di osservare 57
Papà Cavalcante cerca suo figlio <u>Guido Cavalcanti</u>, un razionalista[8] senza fede	ha detto piangendo: «Se tu vai per questo cieco carcere **per i tuoi meriti di intellettuale**, <u>dov'è mio figlio? E perché non è qui con te?</u>» 60
<u>Virgilio</u> <u>Da chi suo figlio Guido ha rifiutato di andare è la fede</u>	E io a lui: «**Non vengo per mia volontà**: <u>quello che aspetta là, mi porta per questo luogo da chi, vostro figlio Guido, **ha rifiutato** di andare</u>». 63

Riflettiamo

Guido Cavalcanti

Guido Cavalcanti, guelfo, sposa Bice degli Uberti, figlia di Farinata, capo dei Ghibellini. Cavalcanti e Farinata sono allora consuoceri.

Guido era un poeta, maestro di Dante, che infatti gli dedica la sua prima opera giovanile, la *Vita Nova*: di lui Dante dice che è «primo dei miei amici».

Nella foto: G. Vasari, *Ritratto di sei poeti toscani*, 1544, Minneapolis Istitute of Arts

Rispondi

Rimetti in ordine le lettere e individua i nomi di parentela.
1. OUSCORE = _____
2. ACOONGT = _____
3. EDPAR = _____
4. PINETO = _____
5. RATLLFEO = _____
6. ANORU = _____
7. GUCONI = _____

Nella foto: *Piramide Commemorativa. Battaglia di Montaperti*, Siena

Canto 10, vv. 64-87

Le sue parole e la sua pena
mi avevano già fatto capire il nome di quest'anima;
66 perciò la mia risposta era stata così esplicita⁹.

E lui improvvisamente si è alzato in piedi e ha gridato:
«Come? Hai detto "ha avuto"? Guido non vive più?
69 La **dolce luce del sole** non colpisce più i suoi occhi?».

Quando si è accorto che ero come bloccato
e ci mettevo tempo per rispondere
72 è caduto supino¹⁰ e non è ricomparso più fuori dalla tomba.

Ma quell'altro nobile dannato, alla cui richiesta
io mi ero fermato, non ha cambiato aspetto,
75 non ha abbassato la testa né **ha piegato il corpo**

e continuando il discorso di prima, ha detto:
«Se i miei hanno imparato male l'arte di rientrare a Firenze,
78 **questo mi dà più sofferenza di questa tomba.**

Ma non si illuminerà cinquanta volte
la faccia della regina che qui dentro governa
81 che anche tu saprai quant'è dolorosa quell'arte.

Spero che tornerai nel dolce mondo terreno,
ma dimmi: perché quel popolo è così duro
84 in ogni sua legge contro la mia parte?»

Allora ho risposto: «Il dolore e l'orrenda¹¹ strage
che ha colorato di rosso il fiume Arbia,
87 fa prendere queste decisioni nei nostri consigli».

Dante ha capito che sta parlando con Cavalcanti

Dante ha detto prima «ha rifiutato» (v. 63)

Il silenzio di Dante sembra la conferma per papà Cavalcante

Farinata è l'opposto di Cavalcante

Cavalcanti soffre per il figlio; Farinata per il suo partito politico

Tra 50 mesi (4 anni) tu Dante andrai in esilio (1304)

Farinata chiede: perché Firenze mi odia così tanto?

Dante risponde: per la battaglia di Montaperti

Il dubbio di Dante

Farinata è in piedi nella tomba, Cavalcanti è in ginocchio. Farinata continua a parlare di politica e sta male per il destino del suo gruppo politico, Cavalcanti soffre per il figlio. Farinata è il simbolo di un gruppo (è stato comandante dei Ghibellini nella battaglia di Montaperti), Cavalcanti pensa solo al figlio. Dante non risponde subito a Cavalcanti: perché? Ciacco gli aveva detto che i dannati hanno la visione del futuro, e Cavalcante sembra non avere conoscenza del presente: come è possibile? Ecco il dubbio di Dante.

Riflettiamo

Fai una piccola ricerca. Quali città combattono nella battaglia di Montaperti?

Rispondi

Canto 10, vv. 88-114

Il triste ricordo colpisce Farinata	Dopo aver mosso la testa sospirando¹², ha detto: «**Non ero certo solo io a combattere quella battaglia**, né certo ci saresti andato senza una ragione.
I Ghibellini avevano deciso di distruggere Firenze	Ma sono stato **solo io a difendere Firenze** a viso aperto, quando ogni capo ghibellino aveva deciso di distruggerla».
Dante: "spero che loro tornino in patria (a Firenze)"	«Deh, **ti auguro che la tua gente trovi pace**» ho pregato lui: «risolvimi questo dubbio che impedisce il mio giudizio.
Dante chiede: se vedete il futuro, come vedete il presente?	Sembra, se ho capito bene, che voi dannati vedete quello che porta il futuro, mentre vedete il presente in un altro modo».
Farinata spiega: vediamo solo il futuro	«Noi vediamo come chi ha un difetto di vista», ha detto: «vediamo quello che è nel futuro; in questo solo risplende per noi la luce di Dio.
Non sappiamo niente del presente	Quando le cose si avvicinano o accadono, non le vediamo; e se qualcuno non ci informa, non sappiamo niente della situazione attuale.
Non è una conoscenza eterna	Da questo puoi capire che la nostra conoscenza finirà totalmente quando la porta del futuro sarà chiusa».
Dante ha causato dolore a Cavalcanti	Allora, quasi preso **dal rimorso**¹³ per il mio errore, ho detto: «Direte allora a quel dannato caduto che suo figlio è ancora in vita;
Cavalcanti ha capito male	e se prima aspettavo a rispondere, ditegli che l'ho fatto perché pensavo al dubbio che voi ora mi avete spiegato».

Versi: 90, 93, 96, 99, 102, 105, 108, 111, 114

Riflettiamo

I dannati vedono il futuro, ma non il presente. San Tommaso diceva che la conoscenza del futuro dei profeti viene da Dio. L'astrologia e le previsioni del futuro sono invece attività umane e quindi sono false e sono anche un peccato. Dice S. Tommaso: tutto accade per la volontà di Dio che può cambiare ogni cosa, anche l'ordine del Cielo; tutte le superstizioni¹⁴ derivano invece da un patto con il diavolo. Ricordi infatti la scena iniziale del film *L'esorcista*?

Rispondi

Aguzza la vista! Leggi le frasi e correggi gli errori.
1. Ho fatto solo qualche errori.
2. Le ragazze sono divertente.
3. Vivo in Boston.
4. La panorama è bellissima.
5. Che numero hai? Diciassei.
6. Di solito comincio di mangiare alle 13:00.
7. Ho chiamato a Maria prima di uscire.
8. - Prendi la mia macchina in garage. - Qual'è?
9. La mia problema è parlare correttamente.

Canto 10, vv. 115-136

	E già il **mio maestro mi richiamava**; perciò ho pregato in fretta lo spirito	Il tempo per parlare con Farinata sta finendo
117	per sapere chi stava con lui in quella pena.	
	Mi ha risposto: «Qui sono con più di mille dannati: qui c'è **Federico II**, e il **cardinale Ottaviano** degli Ubaldini;	Un Imperatore e un uomo di Chiesa
120	ma non ti dico nulla degli altri».	
	Poi si è nascosto nella tomba; e io camminavo verso l'antico poeta, ripensando a quelle parole	Dante pensa alla profezia di Farinata: il suo esilio
123	che mi erano nemiche.	
	Virgilio si è mosso; e poi, mentre camminava, mi ha detto: «**Perché sei così turbato?**».	Dante gli spiega perché è preoccupato
126	E io ho risposto alla sua domanda.	
	«**La tua mente deve ricordare** bene quello che hai sentito contro di te», mi ha comandato quel saggio;	Virgilio alza il dito: "stammi a sentire!"
129	«E ora ascolta bene», e ha drizzato il dito:	
	«quando sarai davanti al **dolce raggio** di quella che con i suoi begli occhi **vede ogni cosa**,	Solo da Beatrice tu, Dante, saprai il tuo futuro
132	saprai da lei il destino della tua vita».	
	Poi si è girato **a sinistra**: ci siamo allontanati dal muro e siamo andati verso il centro per un sentiero che termina in una valle	Dante e Virgilio scendono seguendo sempre il lato sinistro
136	da dove fin lassù arrivava una gran puzza.	

Il dolce mondo

Cavalcanti ci dà la descrizione più adatta per l'Inferno: una prigione. Il mondo fuori è "dolce"; anche Ciacco aveva detto così "dolce mondo", chiedendo a Dante di essere ricordato tra i vivi. E pure Farinata usa la stessa espressione, "dolce mondo". Tutti e tre parlano del mondo dei vivi: solo Virgilio usa 'dolce' per dire la luce del Paradiso dove sta Beatrice. Dante sta imparando che 'dolce' non è il mondo della vita terrena, ma il dolce mondo è solo il Paradiso.

Scendere a sinistra

Virgilio nell'Inferno segue sempre il lato sinistro: perché? Pensiamo alle mani; in italiano diciamo 'destrimano' per dire chi usa la mano destra, 'mancino' per chi usa la sinistra. La mano destra si dice anche 'diritta' (e il 'diritto' è la legge, 'ciò che è giusto'); 'mancino' in latino vuol dire 'avere un difetto alla mano'. Così Gesù "siede alla destra del Padre" e 'una cosa sinistra' è una cosa che fa paura.

Riflettiamo

1. Che significa l'espressione "tiro mancino"?

2. Chiederesti informazioni ad uno con "uno sguardo sinistro"?

Rispondi

La città è il mondo tutto

La città nel Medioevo rappresenta il mondo tutto. Città diverse hanno dialetti diversi, tradizioni diverse, organizzazioni diverse. Nella battaglia di Montaperti per esempio, nel 1260, i Guelfi erano comandati da Firenze, mentre i Ghibellini da Siena: per questo i Ghibellini vincitori volevano distruggere completamente Firenze.

L'Italia è fatta dall'identità di tante città diverse, non è un Paese nazionalista come per esempio la Francia. Ancora oggi le tradizioni delle città sono una parte fondamentale della cultura italiana generale: ogni città, da Nord a Sud del Bel Paese ha un piatto tipico, un dolce tipico, una festa patronale tipica.

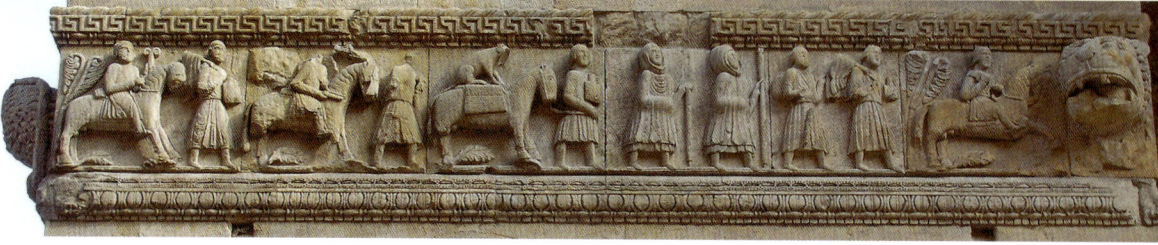

La via Francigena

Tre erano i pellegrinaggi più popolari del Medioevo: verso Santiago di Compostela, verso Gerusalemme e verso Roma, per visitare la tomba di Pietro, lungo la 'via Francigena'. Il nome "Francigena" sta proprio a indicare la via o le vie che "dalla Terra dei Franchi" permettevano ai pellegrini d'Oltralpe di giungere a Roma. In Italia sono oltre mille i chilometri da percorrere, dal Passo del Gran San Bernardo a Roma. La Via Francigena è diventata così un percorso privilegiato e successivamente un canale di comunicazione determinante[15] per la realizzazione dell'unità culturale dell'Europa medievale.

Gli italiani e la superstizione

Per 'scaramanzia' (per allontanare la sfortuna) gli italiani fanno dei gesti. Il più popolare è il gesto delle corna.

- Se sei a Firenze vicino al Ponte Vecchio, cerca la fontana del Porcellino e toccagli il muso.
- Se sei a Roma, in Vaticano, cerca la statua di bronzo di San Pietro e toccagli il piede.
- Se sei a Verona, nella Casa di Giulietta e Romeo, cerca la statua di Giulietta: toccale il seno destro.
- Se sei a Milano, nella Galleria Vittorio Emanuele II, cerca il toro e fai tre giri su un piede sui suoi testicoli.
- Se sei a Napoli, a Spaccanapoli, cerca un negozio di cornetti portafortuna: non comprarlo per te! Compralo per regalarlo o fattene regalare uno!

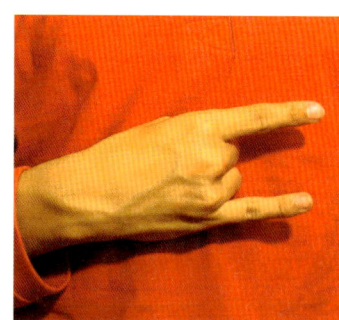

Nella foto: G. Doré, Gli *eretici*, 1857

Canto 10, vv. 1-15

Ora sen va per un <u>secreto calle</u>,
tra 'l muro de la terra e li martìri,
3   lo mio maestro, e io dopo le spalle.

«O <u>virtù somma</u>, che per li empi giri
mi volvi», cominciai, «com'a te piace,
6   parlami, e sodisfammi a' miei disiri.

La gente che per li sepolcri giace
potrebbesi veder? già son levati
9   tutt'i coperchi, e **nessun guardia face**».

E quelli a me: «Tutti saran serrati
quando di <u>Iosafàt</u> qui torneranno
12   coi corpi che là sù hanno lasciati.

Suo cimitero **da questa parte** hanno
con Epicuro tutti suoi seguaci,
15   che l'anima col corpo morta fanno.

<u>Sentiero appartato</u>

O <u>Virgilio</u>, che mi assisti con la tua eccelsa virtù e mi guidi

I demoni non ci sono più, cacciati dall'angelo nel Canto IX

<u>La valle di Iosafàt</u> dove si riuniranno tutti (Gioele, III,2)

Virgilio gli mostra proprio gli Epicurei

Lo scrittore latino Lattanzio scrive: «secondo gli Epicurei che dicono che l'anima perisce con il corpo» (*Divinae Institiones*, III, 12, 24-25) e testimonia come durante il Medioevo, Epicuro rappresentasse l'assertore[16] della materialità dell'anima.
Dante condanna l'Epicureismo nel *Convivio*: «per preponimento dico, che intra tutte le bestialitate quella è stoltissima, vilissima e dannosissima chi crede, dopo questa vita, altra vita non essere» (*Convivio*, II, 8). A Firenze tutti i Ghibellini erano accusati di epicureismo dai Guelfi.

Riflettiamo

Prova a spiegare il contrappasso per gli Epicurei.

Rispondi

Nella foto: W. Blake, *Farinata degli Uberti*, 1824-1827, British Museum, Londra

Canto 10, vv. 16-36

Di parlare con qualche Fiorentino	Però a la dimanda che mi faci quinc'entro satisfatto sarà tosto, e **al disio ancor che tu mi taci**». 18
Di non essere <u>troppo loquace</u>[17]	E io: «Buon duca, non tegno riposto a te mio cuor se non <u>per dicer poco</u>, e **tu m'hai non pur mo a ciò disposto**». 21
Dante è toscano, è vivo e parla in modo decoroso	«**O Tosco** che per la città del foco **vivo** ten vai così **parlando onesto**, piacciati di restare in questo loco. 24
La tua lingua ti rivela (Vangelo di Matteo, 26, 73)	**La tua loquela** ti fa manifesto di quella nobil patria natio a la qual **forse** fui troppo molesto». 27
Dante ha paura, si avvicina un po' a Virgilio	**Subitamente** questo suono uscìo d'una de l'arche; però m'accostai, temendo, un poco più al duca mio. 30
Lo vedrai in <u>tutta la sua alta statura civile</u>	Ed el mi disse: «**Volgiti! Che fai?** Vedi là Farinata che **s'è dritto**: da la cintola in sù <u>tutto</u> 'l vedrai». 33
Farinata è non curante dei propri tormenti infernali	Io avea già il mio viso nel suo fitto; ed el s'ergea col petto e con la fronte **com'avesse l'inferno a gran dispitto**. 36

Riflettiamo

Si leva improvvisa la voce di Farinata, colpito dall'accento di Dante: la comunanza di lingua e di patria è sufficiente per avvicinare due anime estranee e iniziare un colloquio.

'Paisà', nel dialetto del Sud Italia vuol dire 'Paesano' e quindi 'Compaesano'. Roberto Rossellini titola così uno dei capolavori del cinema neorealista italiano (1946), che Martin Scorsese ha inserito nella lista dei suoi 12 film preferiti di tutti i tempi.

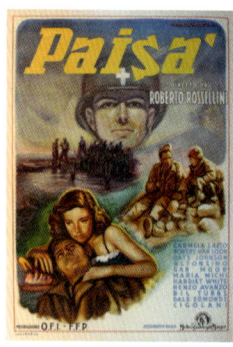

Rispondi

Fai una ricerca e spiega di che cosa tratta il film *Paisà*?

Canto 10, vv. 37-63

E l'animose man del duca e pronte
mi pinser tra le sepulture a lui,
39   dicendo: «Le parole tue **sien conte**».

Com'io al piè de la sua tomba fui,
guardommi un poco, e poi, **quasi sdegnoso**,
42   mi dimandò: «Chi fuor li maggior tui?».

Io ch'era d'ubidir disideroso,
non gliel celai, ma tutto gliel'apersi;
45   ond'ei levò le ciglia un poco in suso;

poi disse: «**Fieramente** furo avversi
a me e a miei primi e a mia parte,
48   sì che per due fiate li dispersi».

«S'ei fur cacciati, ei tornar d'ogne parte»,
rispuos'io lui, «l'una e l'altra fiata;
51   ma i vostri non appreser ben quell'arte»

Allor surse a la vista scoperchiata
un'ombra, lungo questa, **infino al mento**:
54   credo che s'era in ginocchie levata.

Dintorno mi guardò, come talento
avesse di veder s'altri era meco;
57   e poi che 'l sospecciar fu tutto spento,

piangendo disse: «Se per questo cieco
carcere vai **per altezza d'ingegno**,
60   mio figlio ov'è? e perché non è teco?».

E io a lui: «**Da me stesso non vegno**:
colui ch'attende là, per qui mi mena
63   forse cui Guido vostro **ebbe a disdegno**».

Qui c'è anche l'invito a Dante, di rispondere per le rime a Farinata

Farinata vuol capire di che parte è Dante

Dante appartiene a una famiglia nobile nemica della famiglia degli Uberti

I Guelfi furono cacciati due volte: nel febbraio 1248 e nel settembre 1260

I Ghibellini ritornarono in città: nel gennaio 1250 e nel gennaio 1267

Cavalcanti quasi non osa guardare

Quando vide che Dante era solo

Perché Dante sì e Guido no?

L'ingegno non basta alla salvezza

Sapere non basta

Nel Limbo Dante ha incontrato gli spiriti dei grandi dell'antichità: S. Tommaso aveva scritto che questi sono costretti a vivere in un intenso e sempre inappagato[18] desiderio di vedere Dio. Dante apporta una modifica a questa concezione e pone nel Limbo anche gli adulti morti senza battesimo ma vissuti secondo l'ordine naturale. Per questo immagina il Limbo diviso in due (Canto IV). Il tema dell'ingegno ritorna in questo Canto: Dante specifica allora che viene guidato da Virgilio, simbolo della umana ragione consapevole delle cose divine.

Ciò ci permette di capire un ulteriore aspetto che approfondiremo in seguito: l'ingegno può convertirsi in strumento di dannazione se non è tenuto a freno dalla virtù.

Riflettiamo

Metti in relazione la figura di Farinata e quella di Cavalcanti: dalla presenza fisica, ai gesti, alle parole. In cosa si distinguono?

Rispondi

Dante era un 'Feditore': cavaliere scelto tra i cittadini di più elevata estrazione sociale; avevano il compito di affrontare il primo urto con i nemici

Canto 10, vv. 64-87

Di Guido Cavalcanti parla anche Boccaccio nel *Decameron* (VI, 9)

Le sue parole e 'l modo de la pena
m'avean di costui già letto il nome;
però fu la risposta così piena. 66

Il verbo al passato gli fa temere il peggio

Di subito drizzato gridò: «Come?
dicesti "elli ebbe"? non viv'elli ancora?
non fiere li occhi suoi **lo dolce lume**?». 69

Di <u>qualche indugio</u>

Quando s'accorse <u>d'alcuna dimora</u>
ch'io facea dinanzi a la risposta,
supin ricadde e più non parve fora. 72

Farinata rimane impassibile per il dolore di Cavalcanti

Ma quell'altro magnanimo, a cui posta
restato m'era, non mutò aspetto,
né mosse collo, **né piegò sua costa**: 75

Il dolore per l'esilio dei Ghibellini lo tormenta

e sé continuando al primo detto,
«S'elli han quell'arte», disse, «male appresa,
ciò mi tormenta più che questo letto. 78

Non passeranno 50 <u>lune</u> che saprai anche tu...

Ma non cinquanta volte fia raccesa
<u>la faccia de la donna che qui regge</u>,
che tu saprai quanto quell'arte pesa. 81

<u>Spietato</u>, di un odio che offende Dio per la sua disumana ostinazione

E se tu mai nel dolce mondo regge,
dimmi: perché quel popolo è sì <u>empio</u>
incontr'a' miei in ciascuna sua legge?». 84

«[...] e tutte le strade e poggi parevano un grosso fiume di sangue» (Anonimo, *Cronache Senesi*, XIV sec.)

Ond'io a lui: «Lo strazio e 'l grande scempio
che fece l'Arbia colorata in rosso,
tal orazion fa far nel nostro tempio». 87

Le guerre di Dante

Riflettiamo

4 settembre 1260: battaglia di Montaperti, lungo il fiume Arbia, tra le truppe ghibelline capeggiate[19] da Siena e quelle guelfe capeggiate da Firenze.

11 giugno 1289: battaglia di Campaldino, tra truppe guelfe fiorentine e truppe ghibelline di Arezzo.

6 Agosto 1289: resa del castello di Caprona da parte dei Ghibellini di Pisa ai Guelfi della Lega Toscana.

20 luglio 1304: battaglia della Lastra, i Guelfi Bianchi tentarono di rientrare a Firenze ma vennero sconfitti dai Neri. Dante non vi prese parte.

Rispondi

Nella Chiesa di S. Pier a Scheraggio, a Firenze, si riunivano i Consigli quando si prendevano decisioni sulle amnistie[20] a favore dei cittadini banditi. Cosa dice la targa? Trovala su internet.

Canto 10, vv. 88-114

	Poi ch'ebbe sospirando il capo mosso,	Farinata non sconfessa[21] la militanza[22]
90	«**A ciò non fu' io sol**», disse, «né certo sanza cagion con li altri sarei mosso.	
93	Ma **fu' io solo**, là dove sofferto fu per ciascun di tòrre via Fiorenza, colui che la difesi a viso aperto».	Il suo odio di parte fu inferiore all'amore per Firenze
96	«Deh, **se riposi mai vostra semenza**», prega' io lui, «solvetemi quel nodo che qui ha 'nviluppata mia sentenza.	Risposta augurale di Dante
99	El par che voi veggiate, se ben odo, dinanzi quel che 'l tempo seco adduce, e nel presente tenete altro modo».	Dante esplica il suo dubbio: come i dannati vedono il presente?
102	«Noi veggiam, come quei c'ha mala luce, le cose», disse, «che ne son lontano; <u>cotanto ancor ne splende il sommo duce</u>.	<u>Solo questo permette il loro Dio</u>: vedere il futuro
105	Quando s'appressano o son, tutto è vano <u>nostro intelletto</u>; e s'altri non ci apporta, nulla sapem di vostro stato umano.	Il <u>nostro conoscere</u>
108	Però comprender puoi che tutta morta fia nostra conoscenza da quel punto che del futuro fia chiusa la porta».	Il conforto della conoscenza finirà
111	Allor, **come di mia colpa compunto**, dissi: «Or direte dunque a quel caduto che 'l suo nato è co' vivi ancor congiunto;	Punto dal rimorso
114	e s'i' fui, dianzi, a la risposta muto, fate i saper che 'l fei perché <u>pensava già ne</u> l'error che m'avete soluto».	Perché <u>ero concentrato</u> sulle parole di Farinata

Giovanni Villani (1280-1348) commenta il gesto di Farinata nella sua *Nuova Cronica*: «sicché per uno buono uomo cittadino scampò la nostra città di Firenze da tanta furia, distruggimento, ruina. Ma poi il detto popolo di Firenze ne fu ingrato, male conoscente contra il detto messer Farinata, e sua progenia e lignaggio, come innanzi faremo menzione; ma per la sconoscenza dello ingrato popolo, nondimeno è da commendare e daffare notabile memoria del virtudioso e buono cittadino, che fece a guisa del buono antico Cammillo di Roma, come racconta Valerio, e Tito Livio» (VI, 82).

Riflettiamo

Rispondi

1. Perché Dante augura pace a Farinata?

2. Perché Dante prova rimorso?

Canto 10, vv. 115-136

Con maggior fretta

E già 'l maestro mio mi richiamava;
per ch'i' pregai lo spirto più avaccio
che mi dicesse chi con lu' istava. 117

«Quasi vita epicurea tenne» (Villani, *Nuova Cronica*, VI, I)

Dissemi: «Qui con più di mille giaccio:
qua dentro è 'l secondo Federico,
e 'l Cardinale; e de li altri mi taccio». 120

Farinata ritorna nella tomba

Indi s'ascose; e io inver' l'antico
poeta volsi i passi, ripensando
a quel parlar che **mi parea nemico**. 123

Turbato è chi non è più padrone di sè

Elli si mosse; e poi, così andando,
mi disse: «Perché se' tu **sì smarrito**?».
E io li sodisfeci al suo dimando. 126

Il maestro Virgilio vuole che Dante ricordi bene tutto

«**La mente tua conservi** quel ch'udito
hai contra te», mi comandò quel saggio.
«E ora attendi qui», e drizzò 'l dito: 129

La vera profezia sarà quella di Beatrice

«quando sarai dinanzi al dolce raggio
di quella il cui bell'occhio **tutto vede**,
da lei saprai di tua vita il viaggio». 132

Il muro della città di Dite

Appresso mosse a **man sinistra** il piede:
lasciammo il muro e gimmo inver' lo mezzo
per un sentier ch'a una valle fiede,
che 'nfin là sù facea spiacer suo lezzo. 136

Riflettiamo

Federico II di Svevia, imperatore del Sacro Romano Impero, era chiamato dai suoi contemporanei 'Stupor Mundi' (Stupore del Mondo) per la sua curiosità intellettuale: parlava sei lingue, scriveva poesie ed era un ottimo mecenate[23]. Riunì alla sua corte poeti, letterati, intellettuali e scienziati di ogni fede e cultura, ebrei, arabi, cristiani, facendo nascere la 'Scuola siciliana' di poesia. Il 10 ottobre 1227 fu scomunicato[24] da Papa Gregorio IX perché non si decideva a partire per la quinta crociata.

Nella foto: il *Castel del Monte*, a pianta ottagonale, fatto costruire da Federico II in Puglia

Rispondi

1. Perché Dante è 'smarrito'?

2. Virgilio rimanda a Beatrice: spiega l'allegoria in questo passo.

Le idee politiche di Dante

Leggendo il Canto X sembra che Dante faccia mostra di sentimenti guelfi. Eppure in altre sue due opere le idee politiche di Dante sono delineate diversamente. Il *Convivio* (1304-1308) è un'opera incompiuta, mista in prosa e poesia, scritta all'inizio del suo esilio: era stata pensata come una specie di enciclopedia in cui mostrare gli argomenti dello scibile umano. Nel IV trattato Dante parla di 'nobiltà': specifica che non è un fatto di sangue ma di condotta virtuosa; ed esalta il concetto di 'monarchia universale', rappresentata storicamente dall'Impero romano e poi dal Sacro Romano Impero.

Il *De Monarchia* è l'unica tra le opere teoriche ad essere stata completata: scritta in latino tra il 1310 e il 1313, è divisa in tre libri. Dante usa la metafora dei due Soli, per far notare la reciproca autonomia e la pari dignità dei due poteri, quello imperiale e quello papale, ciascuno dei quali deve inchinarsi all'altro nel campo che a quello è proprio: dunque l'imperiale a quello papale nel campo religioso e spirituale, il papale a quello imperiale nell'ambito politico e giuridico.

Quando Dante pensa la politica insomma, non la pensa mai come un ambito isolato e indipendente della vita umana, sia essa individuale o sociale, ma la pensa sempre all'interno di un universo concettuale e di una esigenza morale che comprende la politica e che lega l'autonomia di essa alla realizzazione di un bene più alto: la salvezza delle anime e l'amore di Dio per l'uomo.

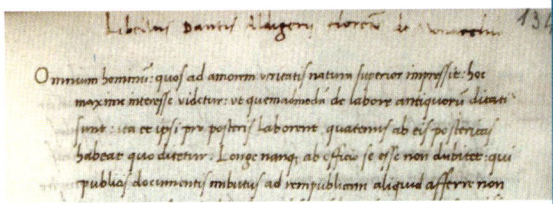

Nella foto: Dante Alighieri, *De Monarchia*, Cod. Triv. 642, c. 134r

Sandro Petrini

La figura di Farinata, tanto amante della sua città da divenire primo difensore di essa contro i suoi stessi compagni di partito, ci suggerisce un paragone con quello che è ritenuto dai più il Presidente più amato dagli italiani, Sandro Pertini (1896-1990), Presidente della Repubblica Italiana (dal 1978 al 1985).

«Per me libertà e giustizia sociale, che poi sono le mete del socialismo, costituiscono un binomio inscindibile[25]: non vi può essere vera libertà senza la giustizia sociale, come non vi può essere vera giustizia sociale senza libertà. Ecco, se a me socialista offrissero la realizzazione della riforma più radicale di carattere sociale, ma privandomi della libertà, io la rifiuterei, non la potrei accettare. [...] Ma la libertà senza giustizia sociale può essere anche una conquista vana. Si può considerare veramente libero un uomo che ha fame, che è nella miseria, che non ha un lavoro, che è umiliato perché non sa come mantenere i suoi figli e educarli? Questo non è un uomo libero. [...]».

Verifica

Test

1. Rispondi Vero (V) o Falso (F).
   a. Dante vede tombe infuocate. V | F
   b. Farinata riconosce Dante. V | F
   c. Cavalcante riconosce Dante. V | F
   d. Farinata si inchina al dolore di Cavalcante. V | F
   e. Virgilio interrompe il dialogo tra Dante e Farinata. V | F

2. A quale affermazione di Farinata scatta la risposta aspra di Dante?
   _____
   _____
   _____

3. Il tono di Farinata verso Dante è:
   Superbo ☐
   Cordiale ☐
   Sdegnoso ☐
   Amichevole ☐

4. Qual è il contrappasso per gli epicurei?
   _____
   _____
   _____

5. Quale parola, nel dialogo tra CavalcantI e Dante, è causa di equivoco?
   _____
   _____
   _____
   _____

6. Confronta la profezia di Ciacco con quella di Farinata.
   _____
   _____
   _____

Interpretazione

Dante narratore ai vv. 122-123 dice: «ripensando a quel parlar che parea nemico». Secondo voi, si riferisce a Farinata, che Dante aveva sempre creduto nemico, o si riferisce alla profezia dell'esilio?

Virgilio richiama Dante: che cosa deve apprendere l'uomo-pellegrino dal dialogo con Farinata?

Che cosa hai imparato

1. Farinata è un esempio di 'grand'uomo' della storia fiorentina.
2. Le anime dei dannati possono vedere il futuro ma non il presente.
3. Non per meriti di intelletto Dante visita da vivo l'Inferno.
4. Dante è confuso: ha ricevuto la profezia del suo esilio. Dovrà crederci o no? È una vera profezia o no?

Canto 19

Guarda la foto: cosa pensi?

Conosci il nome dei personaggi in foto?

Un estratto di *Gomorra - La serie*, Episodio 1

- Così sembri un uomo onesto
- Grazie, don Pietro… Si vede che queste sono cose che costano assai
- Pascariello, sono i soldi che fanno l'uomo onesto!

Trova la parola estranea.

1.	Comprare	Acquistare	Vendere
2.	Bancomat	Portafogli	Carta di Credito
3.	Spese	Commissioni	Debiti
4.	Contante	Monete	Denaro
5.	Prelevare	Prendere	Versare

Leggi la storia

È Sabato 9 aprile 1300, all'alba: Dante e Virgilio sono arrivati nel Cerchio VIII che è diviso in 10 sezioni, chiamate 'bolge': tutto il posto si chiama 'Malebolge'. In questo momento sono nella terza bolgia dove si puniscono quelli che vendono le cose spirituali per soldi. Il nome di questo peccato è 'simonìa' e ovviamente i peccatori appartengono tutti alla Chiesa. Dante e Virgilio sono sopra un ponte e possono guardare giù: tutta la roccia intorno è piena di buchi, come il formaggio. Da queste buche escono fuori solo le gambe dei peccatori che sono capovolti[1] nella terra: i piedi si muovono con forza perché le fiamme del fuoco li bruciano. Una delle fiamme colpisce Dante che così vuole andare a parlare con il peccatore: Virgilio lo accompagna, prendendolo in braccio perché il percorso non è facile. Dante arriva vicino a lui e scopre che è Papa Niccolò III: questa anima però, non potendo vedere chi è che parla, crede di parlare con l'anima del peccatore che deve prendere il suo posto e lo chiama per nome, Bonifacio VIII. Dante scopre così che Papa Niccolò III sta aspettando lì nell'Inferno Papa Bonifacio VIII, suo nemico. E scopre che anche un altro Papa deve arrivare lì, Clemente V, che aveva spostato la Sede Papale da Roma ad Avignone. Dante si arrabbia contro di lui e Virgilio approva; poi il maestro lo abbraccia e lo porta di nuovo sul ponte per continuare il viaggio.

Parole chiave:
malebolge
Papa Bonifacio VIII
Papa Clemente V

Dante Alighieri | Inferno

Il pozzo di S. Patrizio, a Orvieto. Trova quando è stato costruito e da chi

Canto 19, vv. 1-15

O Simon mago, e voi miseri seguaci
e voi <u>lupi **rapaci**</u>², che le cose di Dio,
che dovrebbero essere unite al bene,   3

per oro e per argento <u>vendete</u>,
ora è necessario che per voi suoni la tromba,
visto che siete nella III Bolgia.   6

Arrivati vicino alla Bolgia seguente,
eravamo saliti sul ponte di roccia
che è esattamente al centro della fossa³.   9

O somma sapienza, **quanta perfezione** dimostri in cielo,
in terra e nell'Inferno, e **con quanta giustizia**
la tua virtù distribuisce premi e punizioni!   12

Io ho visto lungo le pareti e sul fondo della fossa,
la roccia scura piena di buche,
tutte della stessa larghezza e di forma circolare.   15

Cristo chiama così i <u>cattivi pastori</u>

<u>I simoniaci vendono le cose sacre</u>

Questo ponte è sopra il centro dell'Inferno

Questa volta Dante è d'accordo con la punizione

Le buche sono uguali

Riflettiamo

Simon Mago

Pietro, il primo Papa, incontra Simone, un mago della Samaria che praticava la magia con grande successo ed era molto popolare. Quando in Samaria arriva Filippo a predicare il Vangelo, anche Simone diventa cristiano. Lui vede che gli apostoli imponevano⁴ le mani (vedi foto) e allora prova a comprare da Pietro questo potere, per mandare lo Spirito Santo. Pietro risponde: «maledetto, tu e il tuo denaro! Perché hai creduto di ottenere il dono di Dio con l'oro». (Atti degli Apostoli, 8, 20)

Rispondi

Le buche sono uguali (vv. 13-15): perché? Ricorda il principio della giustizia moderna: si punisce il fatto, non la persona.

Canto 19, vv. 16-39

18	Non mi sembravano meno grandi né maggiori di quelli che si trovano nel **mio bel San Giovanni**, costruite per quelli che devono ricevere il battesimo;	La Chiesa di S. Giovanni, Battistero
21	non molti anni **fa ne ho rotto uno, per salvare** una persona che stava annegando, e questo deve bastare **per chi è male informato**.	Dante ha rotto uno di questi piccoli pozzi per il battesimo
24	Fuori dall'orlo di ogni buca vi erano i piedi e le gambe di un peccatore, fino alle cosce, mentre il resto del corpo stava dentro la buca.	Solo le gambe sono fuori, il corpo è nella roccia
27	**Le piante dei piedi erano entrambe accese**; per questo i dannati scalciavano[5] con tale forza che avrebbero spezzato le funi[6] più resistenti.	Sopra le piante dei piedi, il fuoco
30	Come la fiamma si diffonde sulle cose unte, muovendosi solo sulla superficie, così facevano quelle fiammelle dal tallone[7] alla punta dei piedi.	Dal tallone alla punta delle dita dei piedi
33	«Maestro, chi è quel dannato che soffre e si muove più degli altri» ho detto io «e che è consumato **da una fiamma più rossa**?»	Dante nota che il colore della fiamma è più rosso delle altre
36	E lui a me: «Se tu vuoi andare laggiù, ti porto io, scendendo lungo la parete meno ripida, saprai da lui stesso chi è e quale colpa ha commesso».	Virgilio è pronto a portarlo laggiù
39	E io: «**Mi fa piacere tutto quello che piace a te**: tu sei la mia guida, e sai che non mi allontano dal tuo volere e sai anche quello che non dico».	Una sola volontà, quella di Dante e di Virgilio

Il contrappasso per i simoniaci: poiché loro hanno preferito guardare alle cose terrene piuttosto che a quelle celesti, ora sono messi a testa in giù nella roccia.

Nella foto: *I simoniaci* nell'illustrazione della *Divina Commedia* di W. Blake, 1824-27, Tate, Londra

Riflettiamo

Provate individualmente o a coppie a spiegare i vv. 37-39.

Rispondi

	Canto 19, vv. 40-63
Scendono verso sinistra, come sempre	Allora siamo andati sul quarto argine: ci siamo girati e **siamo scesi verso sinistra**, fino al fondo della bolgia, pieno di buchi e non agevole. 42
Virgilio prende in braccio Dante	Il buon maestro non mi ha fatto scendere dal suo fianco, fin quando non mi ha portato alla buca di quel dannato che si lamentava con le sue gambe. 45
Dante non sa chi è il dannato, non vede la faccia	«Chiunque tu sia, tu che sei capovolto, **anima dannata** come un palo conficcato[8] nel terreno» ho cominciato a dire, «se puoi, parlami». 48
Dante avvicina l'orecchio alla terra, per sentire meglio	Io stavo lì come il frate che confessa il perfido assassino, che dopo essere stato messo nella buca, lo chiama per ritardare l'esecuzione. 51
I dannati vedono il futuro, come detto da Farinata	E quello ha urlato: «Sei già lì in piedi, sei già lì in piedi, Bonifacio? **Il libro del futuro** mi ha mentito di diversi anni. 54
Hanno avuto un posto nella <u>Chiesa</u> con inganno	Ti sei così presto saziato di quelle ricchezze, per loro non hai avuto scrupoli a prendere con l'inganno <u>la bella sposa</u> e poi a disonorarla?» 57
Come con Cavalcanti, un altro equivoco	Io **ero diventato allora di sasso**, come quello che non capisce cosa gli hanno detto, e allora è confuso e non sa cosa rispondere. 60
Virgilio interviene	Allora Virgilio ha detto: «Digli subito: 'Non sono quello che tu credi'»; e io ho risposto come mi veniva ordinato. 63

Senza scrupoli

Riflettiamo

In Gomorra «non ci sono buoni: la narrazione è tutta interna al sistema di potere della camorra. È la verità sulla vita, la vita nuda» (R. Saviano). I Papi vendevano il Paradiso, in Gomorra i boss vendono le persone.

Rispondi

1. Che significa 'essere senza scrupoli'?
   _____

2. Qual è il contrario di 'essere senza scrupoli'?
   _____

Foto: *Gomorra* (2008)
'Contrattare': che significa?

Canto 19, vv. 64-87

Allora lo spirito ha girato i piedi;
poi, sospirando e con voce lamentosa⁹,
66   mi ha detto: «**Dunque cosa vuoi sapere da me**?

Se ti interessa sapere chi sono
così tanto da essere sceso fin quaggiù,
69   devi sapere che io vestivo il vestito papale;

ed ero il figlio dell'orsa, talmente preoccupato
di favorire i miei parenti che in vita ho messo nella borsa
72   il denaro, **qui ho messo in borsa me stesso**.

Sotto la mia testa sono conficcati gli altri
che mi hanno preceduto **praticando la simonia**,
75   tutti appiattiti¹⁰ nelle fessure della roccia.

Laggiù finirò anch'io quando verrà
quello che io credevo che eri tu,
78   quando prima ti ho fatto quell'improvvisa domanda.

Ma il tempo che ho passato a cuocermi i piedi e
che sono stato così capovolto è maggiore
81   di quello che passerà lui con i piedi rossi:

perché dopo di lui verrà da occidente
un altro Papa senza legge, di condotta peggiore
84   e tale che ricoprirà me e lui.

Sarà un nuovo Giasone, come quello del libro dei Maccabei;
e come quello ha pagato il suo re,
87   così questo Papa pagherà il re di Francia».

Il dannato non capisce perché Dante è andato lì da lui

Il dannato era stato un Papa

Giovanni Gaetano Orsini, poi diventato Papa Niccolò III

I simoniaci sono schiacciati nella roccia

Attenzione: Bonifacio VIII era ancora vivo! Ma già destinato all'Inferno!

1280 muore Niccolò III
1303 muore Bonifacio VIII
1314 muore Clemente V

3 Papi contemporanei di Dante, tutti e 3 all'Inferno

Clemente V diventa Papa con l'aiuto del re di Francia

Nel Libro dei Maccabei si racconta che un certo Giasone era diventato sacerdote degli Ebrei dopo aver pagato molto denaro al re Antioco: a causa della sua vita da peccatore, questo Giasone era stato condannato dal popolo ebraico.

Dante, usando questo paragone, tra un Papa a lui contemporaneo (Clemente V) e uno antico sottolinea l'unità e continuità della storia. Questa è la condanna dura di Dante: la Chiesa non fa il suo vero lavoro, pensa al potere del mondo o si fa comandare dall'Imperatore o vuole invece comandare lei a lui. Da questo l'idea di Dante: la Chiesa deve essere povera e deve occuparsi solo delle cose spirituali.

Riflettiamo

Lavorate a coppie. Leggete attentamente le parole di Papa Niccolo III ai vv. 79-84 e provate a spiegare perché dice questa cosa.

Rispondi

Canto 19, vv. 88-114

Io non so se a questo punto sono stato troppo **pazzo**,
perché gli ho risposto in questo modo:
«Deh, ora dimmi: quanto denaro ha voluto   90

Nostro Signore da san Pietro
prima di affidargli **le chiavi del regno dei cieli**?
Sicuramente non gli ha chiesto niente, solo 'Seguimi!'   93

Né Pietro né gli altri hanno voluto da Mattia
oro o argento, quando **era stato sorteggiato**[11]
per prendere il posto perso da Giuda.   96

Allora **sta' lì, perché sei ben punito**;
e custodisci il denaro preso con l'inganno,
che ti ha reso ardito[12] contro il re Carlo d'Angiò.   99

E solo per il rispetto che devo
alle somme chiavi che tu tenevi nella vita terrana
ora mi freno, altrimenti   102

userei parole ancor più dure:
perché **la vostra avarizia** rattrista il mondo,
calpestando[13] i buoni e sollevando i malvagi.   105

Di voi **cattivi pastori** parla l'Evangelista Giovanni
quando ha visto la meretrice[14] che siede sopra le acque
fare la prostituta con i re;   108

quella che era nata con sette teste
e prendeva forza dalle dieci corna,
fino a quando il suo sposo amava la virtù.   111

Vi **siete fatti un dio d'oro e d'argento**:
e che differenza c'è tra voi e gli idolatri[15],
se non che quello adora un dio solo e voi ne adorate cento?   114

Note laterali

- Pazzo, perché ora parlerà senza rispetto ad un Papa
- Vangelo di Matteo: Cristo nomina Pietro, il primo Papa
- Mattia prende il posto di Giuda Iscariota
- Il Papa voleva far sposare una sua nipote con il nipote del re
- Le chiavi della Basilica di San Pietro
- Il contrario di quello che aveva detto Gesù
- È una visione dell'Apocalisse: la Chiesa di Roma
- 7 i monti di Roma
- 10 i comandamenti
- il Papa
- Il vitello d'oro, come detto nella Bibbia

Riflettiamo

Dante è per la prima volta sicuro che la punizione che Papa Niccolò III sta ricevendo nell'Inferno è giusta (v. 97). Il confronto con i due racconti del Vangelo e della Chiesa primitiva serve a Dante per il contrasto con le abitudini della Chiesa medievale a lui contemporanea che si è allontanata molto dall'insegnamento di Cristo.

Nella foto: *San Pietro con le chiavi*, Roma, Vaticano

Rispondi

1. Come viene scelto il discepolo Mattia?

2. Perché Dante si frena?

3. Dante accusa il Papa di un peccato: quale?

Canto 19, vv. 115-133

Ahimè, Costantino, quanto male ha causato
non la tua conversione, ma **quella donazione**
117   che da te ha ricevuto il primo ricco Papa!»

E mentre io gli parlavo così,
il dannato muoveva forte entrambe le gambe,
120   **o per ira o per vergogna**.

Io credo davvero che alla mia guida il discorso è piaciuto,
tanto era felice la faccia che aveva dopo aver sentito
123   le verità dette da me.

Perciò mi ha preso con entrambe le braccia;
e poi **mi ha stretto tutto al suo petto**,
126   ed è risalito per la strada da cui era sceso.

Non si è stancato di tenermi stretto
finché mi ha portato sul punto più alto del ponte,
129   che unisce la quarta alla quinta bolgia.

Qui ha posato **dolcemente a terra il carico**,
dolcemente sopra la roccia accidentata[16] e ripida[17]
che sarebbe un difficile sentiero anche per le capre.
133   Da lì vedevo un'altra Bolgia.

- Papa Silvestro riceve dall'Imperatore Costantino il Vaticano
- Il dannato esprime la rabbia con le gambe
- Virgilio è soddisfatto
- Stringe Dante al petto, abbracciandolo
- Lo porta in braccio sul ponte di prima
- Virgilio posa dolcemente Dante a terra

Come ha spiegato bene sopra, per Dante il suo volere è una cosa sola con quello di Virgilio (v. 37) e l'abbraccio tra i due ne è ora ulteriore testimonianza.

Riflettiamo

Queste sì che sono soddisfazioni!

1. Collega le espressioni a sinistra con quelle a destra.

   1. Mi sento al settimo cielo.
   2. Non sto più nella pelle.
   3. Mi sento giù di corda.
   4. Ma guarda come gongola.
   5. Sono allibito.

   a. È proprio soddisfatto.
   b. Sono senza parole.
   c. Non vedo l'ora.
   d. Sono felicissimo.
   e. Non ho voglia di fare niente.

2. Prova a dare un titolo all'immagine sopra.

Rispondi

APPROFONDIMENTI

La corruzione

Roberto Saviano, in un'intervista alla rivista *Left* ha dichiarato:

«Colpevole è non solo chi è consapevole, ma anche chi non vuole vedere. E allora noi da che parte stiamo? Tra i colpevoli o tra quelli che non vogliono vedere? Dobbiamo scegliere, perché una terza via non esiste».

- Ecco, chi sono quelli che "non vogliono vedere"?
- Chi non vuole vedere è chi crede che le mafie sono solo quelle con la pistola. Non vuole vedere chi considera il giornalismo italiano un giornalismo sano quando invece molte volte è condizionato, infiltrato[18]. Non vuole vedere chi ha consentito agli imprenditori di fare affari in maniera non trasparente, in alleanza con la politica».

Giovanni Falcone

«A differenza delle altre organizzazioni criminali come la Camorra e la 'Ndrangheta, che sono organizzazioni sparse sul territorio e che non hanno un collegamento comune per cui sono in perenne lotta una contro l'altra, Cosa Nostra è coesa, organica, unitaria, verticistica, con una linea di condotta che vale per tutti».

Tratta da un'intervista del giornalista italiano Michele Santoro durante il programma *Samarcanda* del 1990.

Trova la tesi n. 52 di Lutero.

Nella foto: F. Pauwels, *Lutero*, 1872, Eisenach, Wartburt-Stiftung

Canto 19, vv. 1-15

O Simon mago, o miseri seguaci
che le cose di Dio, che di bontate
3 deon <u>essere spose</u>, e voi **rapaci**

per oro e per argento <u>avolterate</u>,
or convien che per voi suoni la tromba,
6 però che ne la terza bolgia state.

Già eravamo, <u>a la seguente tomba</u>,
montati de lo scoglio in quella parte
9 ch'a punto sovra mezzo 'l fosso piomba.

O somma sapienza, **quanta è l'arte**
che mostri in cielo, in terra e nel mal mondo,
12 e **quanto giusto** tua virtù comparte!

Io vidi per le coste e per lo fondo
piena la <u>pietra livida</u> di fóri,
15 **d'un largo tutti** e ciascun era tondo.

Gli <u>uffici sacri</u>

<u>Corrotte</u>

Dante chiama la terza bolgia, 'tomba', perché vi sono sepolti i simoniaci

Ricordi l'epigrafe[19] sulla porta dell'Inferno?

La <u>roccia scura</u>, piena di fori

Papa Gregorio Magno (540 - 604) distingue 3 tipi di simonia:
- Prestazioni in denaro
- Prestazioni in servizio
- Raccomandazioni

L'Italia è una repubblica fondata sulla raccomandazione

Alberto Moravia (1907-1990) nel suo racconto breve, intitolato *La raccomandazione*, narra di un disoccupato sfinito[20] che di raccomandazione in raccomandazione si ritrova alla fine davanti alla persona a cui per primo si era rivolto, constatando[21] personalmente il fallimento di ogni suo tentativo, come quando nel gioco dell'Oca - se si capita nella casella sbagliata - si finisce al punto di partenza per ricominciare da capo.

Riflettiamo

Meritocrazia. Corruzione. Spiega queste parole.

Rispondi

Dante Alighieri | Inferno

Canto 19, vv. 16-39

Non mi parean men ampi né maggiori	
che que' che son nel mio bel San Giovanni,	
<u>fatti per loco d'i battezzatori</u>;	18
l'un de li quali, ancor non è molt'anni,	
rupp'io per un che dentro **v'annegava**:	
e questo sia suggel <u>ch'**ogn'omo sganni**</u>.	21
Fuor de la bocca a ciascun soperchiava	
d'un peccator li piedi e de le gambe	
infino al grosso, <u>e l'altro dentro stava</u>.	24
Le piante erano a tutti accese intrambe;	
per che sì forte guizzavan <u>le giunte</u>,	
che spezzate averien <u>ritorte e strambe</u>.	27
Qual suole il fiammeggiar de le cose unte	
muoversi pur <u>su per la strema buccia</u>,	
tal era lì dai calcagni a le punte.	30
«Chi è colui, maestro, che si cruccia	
guizzando più che li altri suoi consorti»,	
diss'io, «e cui **più** <u>roggia fiamma succia</u>?».	33
Ed elli a me: «Se tu vuo' ch'i' ti porti	
là giù <u>per quella ripa che più giace</u>,	
da lui saprai di sé e de' suoi torti».	36
E io: «**Tanto m'è bel, quanto a te piace**:	
tu se' segnore, e sai ch'i' non mi parto	
dal tuo volere, e <u>sai quel che si tace</u>».	39

Marginalia (sinistra):
- Il Battistero fu distrutto nel 1576
- Perché nessuno creda che volessi violare le cose sacre
- I peccatori qui sono raggruppati
- Le gambe
- Due tipi di funi
- Le cose unte ardono superficialmente tanto quanto dura l'unto
- Rossa fiamma sta bruciando
- Lungo la parete più interna di Malebolge
- Sai anche i desideri che renderò espliciti

Riflettiamo

Il fonte battesimale di Pistoia è il più antico rimasto fra queste caratteristiche opere scultoree toscane della prima metà del Duecento.

L'opera è un vero capolavoro di architettura e scultura: su di un recinto quadrato si iscrive una vasca circolare interna che genera quattro angoli dove si trovano alloggiati[22] altrettanti pozzetti[23] battezzatori. Le figure geometriche del quadrato e del cerchio rappresentano l'unione della terra con il cielo che avviene mediante il sacramento del battesimo.

Nella foto: Lanfranco da Como, *Fonte battesimale*, 1226, Battistero di San Giovanni in corte, Pistoia

Rispondi

1. I simoniaci sono puniti in gruppo: perché secondo te?
2. In quale Canto precedente Virgilio dà prova di conoscere anche i desideri non espressi?

Canto 19, vv. 40-63

42	Allor venimmo in su l'argine quarto: volgemmo e **discendemmo a mano stanca** là giù nel fondo foracchiato e arto.	Scendono verso sinistra, come sempre
45	Lo buon maestro ancor de la sua anca non mi dipuose, sì mi giunse al rotto di quel che si piangeva con la zanca.	Al fosso di colui che piangeva con le sue gambe
48	«O qual che se' che 'l di sù tien di sotto, **anima trista** come pal commessa», comincia' io a dir, «se puoi, fa motto».	Chiunque tu sia che hai il sopra di sotto
51	Io stava come 'l frate che confessa lo perfido assessin, che, poi ch'è fitto, richiama lui, per che la morte cessa.	Chi uccideva su commissione veniva conficcato in terra, a testa in giù
54	Ed el gridò: «Se' tu già costì ritto, se' tu già costì ritto, Bonifazio? Di parecchi anni mi mentì **lo scritto**.	Bonifacio VIII era ancora vivo: morirà nel 1303
57	Se' tu sì tosto di quell'aver sazio per lo qual non temesti tòrre a 'nganno la bella donna, e poi di farne strazio?».	Sazio di avarizia
60	Tal mi fec'io, **quai son color che stanno**, per non intender ciò ch'è lor risposto, quasi scornati, e risponder non sanno.	'Stanno' va unito con 'quasi scornati', interdetti
63	Allor Virgilio disse: «Dilli tosto: 'Non son colui, non son colui che credi'»; e io rispuosi come a me fu imposto.	Virgilio interviene: "digli immediatamente"

Bonifacio VIII

Benedetto Caetani fu nominato cardinale nel 1281 e Papa, con il nome di Bonifacio VIII, nel 1294. Si scontrò con il re di Francia Filippo il Bello, che Bonifacio ammonì[24] con 2 Bolle Papali. Il re lo accusò di aver tramato ai danni di Celestino V e, sceso in Italia, lo fece arrestare ad Anagni.

Nessun Papa si era fatto costruire una statua funebre mentre era ancora in vita, il che suscitò scandalo e perplessità presso i contemporanei: «Il papa si fece fare un monumento e un'immagine sulla pietra come se fosse viva», dirà polemicamente Fra' Dolcino in una lettera del 1303. (Nella foto, la statua realizzata da Arnolfo di Cambio). Per Dante, Bonifacio VIII è un nemico: fu lui il responsabile della cacciata dei Bianchi da Firenze; e fu lui a trattenere con un inganno Dante a Roma dove si era recato in rappresentanza di Firenze, per un'ambasceria. Fu a Roma che Dante venne raggiunto dal provvedimento che lo bandiva dalla sua città.

Riflettiamo

Rispondi

1. Qual è la profezia di Papa Niccolò III?

2. Secondo te perché Virgilio interviene?

Nella foto: Manoscritto Holkham 48, p. 28, Bodleian Library, University of Oxford

Canto 19, vv. 64-87

Totalmente

Per che lo spirto <u>tutti</u> storse i piedi;
poi, sospirando e con voce di pianto,
mi disse: «**Dunque che a me richiedi?** 66

Se ti interessa tanto

Se di saper ch'i' sia ti <u>cal cotanto</u>,
che tu abbi però la ripa corsa,
sappi ch'i' fui vestito del gran manto; 69

Desideroso di favorire i miei parenti

e veramente fui figliuol de l'orsa,
<u>cupido sì per avanzar li orsatti</u>,
che sù l'avere e **qui me misi in borsa**. 72

Altri Papi simoniaci che mi hanno preceduto

Di sotto al capo mio son li altri tratti
che <u>precedetter me **simoneggiando**</u>,
per le fessure de la pietra piatti. 75

Allorché ti feci quella domanda improvvisa

Là giù cascherò io altresì quando
verrà colui ch'i' credea che tu fossi
<u>allor ch'i' feci 'l sùbito dimando</u>. 78

I piedi cotti
Che lui non starà conficcato con i piedi rossi

Ma più è 'l tempo già che <u>i piè mi cossi</u>
e ch'i' son stato così sottosopra,
<u>ch'el non starà piantato coi piè rossi</u>: 81

Di condotta peggiore
Un Papa senza regole

ché dopo lui verrà <u>di più laida opra</u>
di ver' ponente, **un pastor <u>sanza legge</u>**,
tal che convien che lui e me ricuopra. 84

Fu accondiscendente al re

Novo Iasón sarà, di cui si legge
ne' Maccabei; e come a quel <u>fu molle</u>
suo re, così fia lui chi Francia regge». 87

Clemente V

Alla morte di Bonifacio VIII (1303) venne eletto Papa Benedetto XI, ma il suo pontificato durò solo 9 mesi; nel nuovo conclave del 1305, a Perugia, fu eletto il francese Bertrand de Got, appoggiato dal re di Francia, Filippo il Bello. Prese il nome di Papa Clemente V e, contro la consuetudine, non risiedette a Roma, ma in Francia, ad Avignone, che diventò la sede del Papato per oltre 70 anni.

Riflettiamo

Rispondi

Perché Niccolò III risponde a Dante?

Canto 19, vv. 88-114

	Io non so s'i' mi fui qui troppo **folle**,	Io non so se allora fui troppo temerario
	ch'i' pur rispuosi lui a questo metro:	
90	«Deh, or mi dì: quanto tesoro volle	
	Nostro Segnore in prima da san Pietro	Prima di affidargli le chiavi
	ch'ei ponesse **le chiavi in sua balìa**?	
93	Certo non chiese se non 'Viemmi retro'.	
	Né Pier né li altri tolsero a Matia	Quando fu sorteggiato per prendere il posto di quell'anima malvagia
	oro od argento, **quando fu sortito**	
96	al loco che perdé l'anima ria.	
	Però ti sta, **ché tu se' ben punito**;	E sorveglia bene le ricchezze indegnamente accumulate
	e **guarda ben la mal tolta moneta**	
99	ch'esser ti fece contra Carlo ardito.	
	E se non fosse ch'ancor lo mi vieta	Nella vita terrena
	la reverenza delle somme chiavi	
102	che tu tenesti ne la vita lieta,	
	io userei parole ancor più gravi;	La vostra avarizia il mondo corrompe
	ché **la vostra avarizia** il mondo attrista,	
105	**calcando i buoni e sollevando i pravi**.	
	Di voi **pastor** s'accorse il Vangelista,	La Chiesa di Roma che è superiore a popoli e genti diverse
	quando colei che siede sopra l'acque	
108	puttaneggiar coi regi a lui fu vista;	
	quella che con le sette teste nacque,	Fin quando il Papa, suo sposo, amò la virtù
	e da le diece corna ebbe argomento,	
111	fin che virtute al suo marito piacque.	
	Fatto v'avete Dio d'oro e d'argento;	«Fecero dell'argento e dell'oro i propri idoli» profeta Osea
	e che altro è da voi a l'idolatre,	
114	se non ch'elli uno, e voi ne orate cento?	

Tangentopoli

"Tangentopoli" è un termine usato in Italia dal 1992 per definire un sistema diffuso di corruzione politica. «Tutto era cominciato un mattino d'inverno, il 17 febbraio 1992, quando, con un mandato d'arresto[25], una vettura dal lampeggiante[26] azzurro si era fermata al Pio Albergo Trivulzio e prelevava il presidente, l'ingegner Mario Chiesa, esponente del Partito Socialista Italiano con l'ambizione di diventare sindaco di Milano. Lo pescano[27] mentre ha appena intascato una bustarella[28] di sette milioni, la metà del pattuito, dal proprietario di una piccola azienda di pulizie che, come altri fornitori, deve versare il suo obolo[29], il 10 per cento dell'appalto che in quel caso ammontava a 140 milioni». (Enzo Biagi, *Era ieri*, 2005)

Riflettiamo

Quale è stata la conseguenza di "Tangentopoli"? Cerca su Internet.

Rispondi

Dante Alighieri | Inferno

	Canto 19, vv. 115-133
Dalla donazione di Costantino nasce il diritto ai beni temporali[30] della Chiesa	Ahi, Costantin, di quanto mal fu matre, non la tua conversion, ma **quella dote** che da te prese il primo ricco patre!». 117
Mentre io <u>gliene cantavo quattro</u> <u>Le piante</u> dei piedi	E mentr'io <u>li cantava cotai note</u>, **o ira o coscienza** che 'l mordesse, forte spingava con ambo <u>le piote</u>. 120
<u>Con felice volto con cui sempre seguì il suono</u>	I' credo ben ch'al mio duca piacesse, con sì **contenta labbia** sempre attese <u>lo suon</u> de le parole vere espresse. 123
Virgilio aiuta Dante sollevandolo con entrambe le braccia	Però con ambo le braccia mi prese; e poi che **tutto su mi s'ebbe al petto**, rimontò per la via onde discese. 126
<u>Alla sommità del ponte</u>	Né si stancò d'avermi a sé distretto, sì men portò <u>sovra 'l colmo de l'arco</u> che dal quarto al quinto argine è tragetto. 129
<u>Scoglio accidentato</u>	Quivi **soavemente** spuose il carco, soave per lo <u>scoglio sconcio</u> ed erto che sarebbe a le capre duro varco. Indi un altro vallon mi fu scoperto. 133

La donazione di Costantino

La 'donazione di Costantino' è un documento notarile in cui l'imperatore Costantino nel 314 donava al Papa Silvestro I la giurisdizione civile su Roma, sull'Italia e sull'intero Occidente. Lorenzo Valla, nel 1440, dimostra che è un falso, databile tra il 750 e l'850, scritto a Roma o a Saint Denis. La struttura argomentativa comprende sia prove più astratte, di principio, sia prove più concrete e oggettive fondate su dati giuridici, storici e filologici (vocaboli inadeguati, titoli erronei e non in uso nel IV secolo, imperfezioni ed errori nei riferimenti geografici).

Riflettiamo

«Mi accorgo che si aspetta ormai di sapere qual delitto io imputi ai romani pontefici: un delitto, per vero, grandissimo commesso o per supina ignoranza o per sconfinata avarizia, che è una forma di soggezione a idoli, o per vano desiderio di dominare, cui sempre si accompagna la crudeltà. [...] Dimostrerò, infatti che la Donazione dalla quale i sommi Pontefici vanno i loro diritti, fu sconosciuta a Costantino e a Silvestro» (Cap. V)

«Io, da parte mia, affermo che non solo Costantino non abbia fatto tali doni, che non solo il Romano pontefice non sia stato in grado di esserne a capo, ma anche che, se anche fossero entrambe le cose, tuttavia il diritto è stato cancellato dalle malefatte dei possessori, dal momento che vediamo che da quest'unica fonte è derivata la distruzione e la devastazione dell'Italia intera e di molte province».

Rispondi

Perché l'Imperatore Costantino si converte al Cristianesimo?
Cerca su Internet.

Il Giubileo di Bonifacio VIII

«Per la certezza dei presenti e a futura memoria. È stato tramandato in modo degno di fede dagli antichi che, a coloro che entravano nella veneranda basilica del principe degli Apostoli a Roma, furono concesse grandi remissioni e indulgenze di peccati. Noi che, secondo i doveri del Nostro ufficio, cerchiamo e procuriamo di buon grado possibilità di salvezza per i singoli, ritenendo valide e gradite tutte queste remissioni e indulgenze, con l'autorità apostolica le confermiamo e le approviamo, ma le rinnoviamo anche e le conserviamo grazie a questo decreto. Perché i beatissimi Apostoli Pietro e Paolo siano tanto più onorati quanto più devotamente le loro basiliche a Roma vengano visitate dai fedeli, e gli stessi fedeli si sentano sempre più rinfrancati da un'elargizione di doni spirituali per quella loro visita. Noi, confidando nella misericordia di Dio Onnipotente e nei meriti e nell'autorità dei medesimi apostoli, su consiglio dei nostri fratelli e nella pienezza del potere apostolico, a tutti coloro che in questo anno 1300, appena iniziato con la festa della nascita del nostro Signore Gesù Cristo, e in ogni anno centesimo che seguirà, entreranno nelle basiliche menzionate con riverenza, sinceramente pentiti e confessati, o che sinceramente si pentiranno e si confesseranno, nell'anno presente e in ogni altro centesimo a venire, concediamo non solo un'indulgenza piena e più ampia, ma l'indulgenza plenaria di tutti i loro peccati: coloro che vorranno godere di questa indulgenza da noi concessa, se sono Romani visitino le medesime basiliche almeno per 30 giorni continui o anche intercalati, almeno una volta al giorno; se invece sono pellegrini o forestieri facciano allo stesso modo per 15 giorni. E tuttavia ciascuno tanto più meriti e consegua efficacemente l'indulgenza quanto più ampiamente e devotamente frequenterà le basiliche menzionate. Pertanto non sia lecito ad alcuno violare questa nostra bolla di confermazione, approvazione, rinnovazione, concessione e costituzione. Dato a Roma in San Pietro, il 22 febbraio, sesto anno di Pontificato».

A un Giubileo del genere Dante oppone un giubileo diverso: la sua *Commedia*.

Mistero Buffo

Dario Fo (1926-2016), «ultimo dei giullari», Premio Nobel per la Letteratura (1997), nel suo *Mistero buffo* parla di Bonifacio VIII:

«Eseguo adesso la giullarata[31] di Bonifacio VIII. Inizia con un canto extraliturgico antichissimo, catalano, esattamente della zona dei Pirenei: durante il canto il Papa si veste per una cerimonia importante. Va ricordato un vezzo che aveva Bonifacio VIII: quello di far inchiodare per la lingua dei frati, ai portoni dei nobili di certe città. Poiché questi frati pauperisti e legati ai Catari, ad altri movimenti ereticali, avevano la cattiva abitudine di andare in giro a parlar male dei signori: allora il Papa li prendeva e zag! [...] Un altro episodio che si ricorda di lui, tanto per dare un'idea di che tipo fosse, è l'orgia che organizzò il Venerdì santo del 1301». (Dario Fo, *Mistero Buffo*, Einaudi, 1977, p. 58)

Verifica

Test

1. Rispondi Vero (V) o Falso (F).
   a. I simoniaci sono chiusi in bare infuocate.   V | F
   b. I simoniaci sono puniti singolarmente.   V | F
   c. Dante convince Virgilio ad accompagnarlo giù.   V | F
   d. Niccolò III crede che sia arrivato Bonifacio VIII. V | F
   e. Dante gliene canta quattro.   V | F

2. Qual è l'episodio personale che racconta Dante in questo Canto?
   _____
   _____
   _____

3. Che cosa prova Dante nei confronti di Papa Niccolò III?
   Indifferenza ☐
   Soggezione ☐
   Disprezzo ☐
   Stima ☐

4. Qual è il contrappasso per i simoniaci?
   _____
   _____
   _____

5. Quale equivoco si crea tra Dante e Niccolò III?
   _____
   _____
   _____

6. Quali sono i simboli dell'autorità papale presenti nel Canto?
   _____
   _____
   _____

Interpretazione

Alla fine del Canto, Virgilio: «Però con ambo le braccia mi prese;/e poi che tutto su mi s'ebbe al petto» (vv. 124-126); mentre all'inizio «lo buon maestro ancor de la sua anca» (v. 43): che vuol dire questo cambiamento?

Che cosa hai imparato

1. L'avarizia è la rovina della Chiesa.
2. I Papi simoniaci hanno avverato la profezia dell'Apocalisse.
3. I Papi stanno facendo cattivo uso della donazione di Costantino.
4. Dante ricorda la povertà nella quale è nata la Chiesa.
5. Il suo viaggio nell'Aldilà è la risposta al Giubileo di Bonifacio VIII.

Canto 26

Guarda la foto: chi è?

Secondo te, di che parleremo?

La sapienza è figlia dell'esperienza

Completa la mappa utilizzando le seguenti parole:
Rinascimento, inventore, Verrocchio, Francia, Monna Lisa

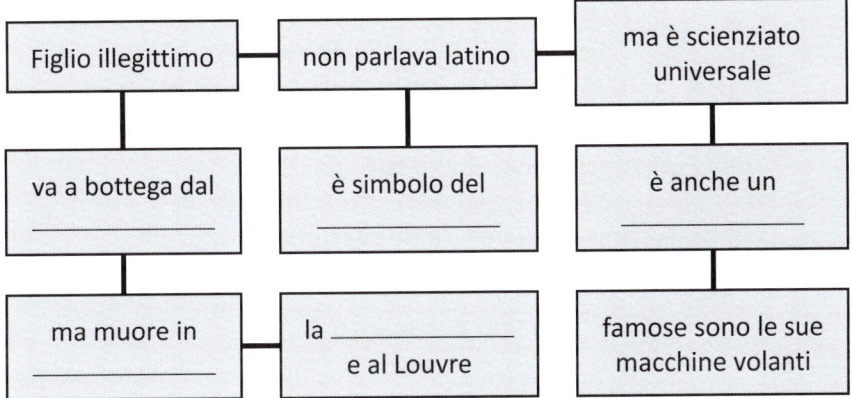

Leggi la storia

È Sabato 9 aprile 1300. Alle 6 della mattina Dante scende ancora più giù: trova prima i maghi, poi lui e Virgilio vengono assaliti da Malacoda e da altri 10 diavoli. Malacoda inganna Virgilio, dicendogli di seguire una strada, Virgilio gli crede ma si perdono e provano a cercare di nuovo la strada giusta. Sono le 9 di mattina quando Dante confessa di avere paura: Virgilio abbraccia Dante e scivolano lungo la roccia, così scendono più giù. Dante incontra Caifa, il sacerdote che ha condannato Gesù, crocifisso con 3 pali di legno. È questo il posto dove vengono puniti gli ipocriti, quelli che pensano una cosa e dicono un'altra. È mattina quando Dante arriva nella Bolgia VII, piena di serpenti: è il posto dove sono puniti i ladri. Dante scopre che 5 di questi ladri sono di Firenze! A mezzogiorno Dante e Virgilio arrivano nella Bolgia VIII: c'è silenzio e buio, ma in fondo Dante vede delle fiamme e in ogni fiamma c'è un dannato. Dante è incuriosito da una fiamma che è doppia, come la lingua di un serpente. Scopre che lì dentro ci sono Ulisse e Diomede. Dante vuole parlare con loro, ma lo fa Virgilio e così Ulisse racconta la sua morte che non è scritta nell'Odissea. Tornato a Itaca riparte ancora una volta, passa Gibilterra, convince i marinai a navigare nell'Oceano. Dopo mesi vede una montagna altissima: è felice ma subito un vortice colpisce la barca che fa tre giri e affonda nel mare. Ulisse muore ed è condannato lì, nell'Inferno.

Parole chiave:
doppia fiamma
Ulisse
limite

Dante Alighieri | Inferno

Che cosa è una ricevitoria del lotto?

Dante autore è ironico su Firenze

Dante personaggio ha incontrato 5 ladri

Firenze sarà punita: inevitabile

Speriamo che accadrà presto, perché altrimenti sarà per me insopportabile

Canto 26, vv. 1-12

Godi Firenze, perché sei così grande
che per mare e per terra sei famosa,
e il tuo nome è conosciuto anche all'Inferno! 3

Tra i ladri ho incontrato cinque tuoi cittadini,
di questo io mi vergogno
e tu certo non acquisti onore. 6

Ma se vicino al mattino si fanno sogni veri,
di qui a poco tempo tu riceverai il castigo che tutte le città,
anche quelle piccole come Prato, ti augurano. 9

E se anche accadrà presto, già è tardi.
Potesse succedere ora, visto che è inevitabile!
Più invecchierò, più questo mi sarà insopportabile. 12

Riflettiamo

Sogni premonitori

Che cosa sono i sogni premonitori? Sono immagini e situazioni vissute nei sogni che poi si presentano nella vita reale in maniera identica o molto molto simile. A differenza dei sogni comuni, questi sono una visione del futuro.

Qualche cosa che (forse) non sai sui sogni:

1. Non si legge nei sogni;
2. Di solito i sogni sono sempre a colori;
3. A Napoli se si sognano dei numeri, si deve andare a giocarli al Lotto.

Eduardo de Filippo (1900-1984) ha scritto una commedia chiamata *Non ti pago!* (1940), dove si parla di: sogni, numeri consigliati, lotto, vincita alla lotteria e un litigio.

Rispondi

Che cosa augurano le città a Firenze?
___
___
___

Canto 26, vv. 13-42

	Noi ci siamo allontanati su quelle scale	Virgilio aiuta Dante a risalire
	che prima ci avevano fatti impallidire[1] a scendere,	
15	il maestro è risalito e <u>mi ha portato con sè</u>;	
	e proseguendo lungo la via solitaria,	Non era possibile camminare in piedi
	tra le rocce e i massi[2] sporgenti	
18	<u>il piede non poteva muoversi senza l'aiuto delle mani</u>.	
	Allora ho provato dolore, e <u>lo provo anche adesso</u>	Dante autore <u>prova ancora dolore</u>; <u>deve fermare</u> la sua intelligenza
	quando penso a quello che ho visto,	
21	e tengo a freno il mio ingegno più del solito	
	perché non proceda senza la guida della virtù;	Deve rinunciare a fidarsi solo della sua ragione
	così che, se le stelle o qualcosa di più importante	
24	mi hanno dato il bene dell'intelletto, io non ne faccio un cattivo uso.	
	Come quando il contadino si riposa sulla collina	Dante vede delle fiamme che da lontano sembrano lucciole[3]
	nella stagione estiva quando il sole	
27	tiene meno nascosta la sua faccia,	
	quando <u>la mosca lascia il posto alla zanzara</u>,	Di <u>sera</u>
	vede lucciole giù nella valle	
30	forse nel posto dove lui vendemmia[4] e zappa[5]:	
	così di tantissime fiamme tutta risplendeva	L'ottava bolgia è piena di piccole fiamme
	l'ottava bolgia, come io ho visto	
33	quando sono arrivato nel punto da dove il fondo era visibile.	
	E come il carro che ha visto Eliseo	Il profeta Elia sale al cielo con un carro
	quando Elia partiva,	
36	con i cavalli che si sono alzati alti nel cielo	
	tanto che non lo poteva seguire con lo sguardo,	Ogni fiamma si muoveva
	ma vedere solo la fiamma,	
39	che saliva su come una nuvoletta:	
	così si muove ciascuna fiamma nella bolgia,	Ogni fiamma nasconde dentro un peccatore
	in modo tale che nessuna mostra l'anima nascosta dentro,	
42	e ogni fiamma nasconde un peccatore.	

Dante è con le spalle alla parete della montagna, guarda giù e vede tanti fuochi: prova a spiegare a noi quello che ha visto attraverso l'immagine del racconto del rapimento[6] del profeta Elia.

Questo affresco è nel Castello della Manta (Cuneo).

Riflettiamo

Che cosa ha imparato Dante scrittore? (Guarda i vv. 21-22)

Rispondi

Canto 26, vv. 43-63

Dante si mantiene alla montagna	Io stavo dritto sul ponte a guardare
	se non mi mantenevo a una roccia,
	potevo cadere giù senza essere spinto. 45
Virgilio vede Dante guardare le fiamme attentamente	E la guida, **che mi vedeva così incuriosito**,
	mi ha detto: «Dentro quei fuochi ci sono delle anime;
	ognuna è bruciata dalla fiamma che la avvolge». 48
Dante dice a Virgilio: "questo lo vedo anch'io"	Io ho risposto: «Maestro mio, ora che ti ascolto
	ne sono più certo, ma avevo già capito
	che era così e volevo chiederti: 51
C'è una fiamma con una doppia punta	chi c'è dentro quel fuoco che ha **la punta biforcuta**,
	tanto che sembra levarsi dal rogo funebre
	dove Eteocle era stato messo col fratello Polinice?» 54
Ulisse, re di Itaca e Diomede, re di Argo	Mi ha risposto: «Là dentro sono puniti
	Ulisse e Diomede, e sono dannati insieme
	come insieme hanno commesso i loro peccati; 57
Da Troia è uscito Enea, che ha fondato Roma: ricorda il Canto II	e nella loro fiamma sono puniti
	per l'**inganno**[7] del cavallo di Troia che ha aperto la porta della città
	da dove è scappato il nobile progenitore[8] dei Romani. 60
Ulisse ha preso in giro la principessa Deidamia; e ha rubato una statua sacra	Dentro si punisce anche l'**imbroglio** fatto a Deidamia,
	che se anche è morta, piange ancora per Achille,
	e si punisce anche per il **furto** del Palladio». 63

Riflettiamo

Bugie e finzioni

Pinocchio impara che cosa è la verità solo dopo aver detto tante bugie e diventa un bambino solo dopo aver imparato ad essere buono e ubbidiente. Similmente Dante deve imparare la differenza tra inganno e verità.

In Shakespeare leggiamo di Otello e di Iago: è proprio Iago che con la parola, convince Otello che sua moglie Desdemona ha un altro uomo. Iago fa come Lucifero ha fatto con Eva: è una lingua biforcuta.

Rispondi

Dante dice a Virgilio: "questo lo vedo anch'io"; secondo te che significa? Un aiuto: è un'allegoria.

Montalbano fa il ▢ di Polizia a Vigata sulla costa si ▢.

Ama la buona ▢ (soprattutto il pesce) e mangiare ▢ silenzio. Scopre sempre la verità dietro le men ▢.

Canto 26, vv. 64-87

Io ho detto: «Se loro in quelle fiamme possono parlare,
maestro, **ti prego molto e ti prego ancora,**
66 **ti prego mille volte**,

non mi negare di aspettare fin quando
quella fiamma a due punte verrà qui;
69 vedi come mi piego verso di lei **dal desiderio**!»

E lui a me: «La tua preghiera è degna
di grande lode, e perciò io la accetto;
72 ma dovrai tenere a freno la tua lingua.

Lascia parlare me, **che so quello che vuoi**;
perché loro, che parlano greco,
75 potrebbero non voler parlare».

Quando la fiamma è arrivata nel punto
che piaceva al mio maestro, per il tempo e per il luogo,
78 l'ho sentito parlare in questo modo:

«O voi **che siete in due dentro una sola fiamma**,
se ho guadagnato meriti nei vostri confronti quand'ero vivo,
81 se ho guadagnato meriti grandi o piccoli ai vostri occhi

quando, nel mondo, ho scritto i nobili versi, non andate via;
ma uno di voi racconti in quale posto lontano,
84 è andato a morire».

La punta più alta di quell'antica fiamma
ha cominciato a muoversi e a bruciare più forte,
87 come quella che il vento muove;

Dante vuole parlare assolutamente con loro

Dante non resiste: desidera parlare con loro

Ma dovrai stare in silenzio

Dante non parla greco

La fiamma si avvicina e Virgilio parla

Virgilio nell'*Eneide* parla di loro

L'*Eneide*

La fiamma è simile ad una lingua; una parte è più alta dell'altra

L'episodio del cavallo di Troia non è nell'*Iliade* di Omero ma nell'*Eneide* di Virgilio.

Nella foto: il cavallo di Troia nel film *Troy* 2004

Riflettiamo

Qual è il patto tra Virgilio e Dante?

Rispondi

	Canto 26, vv. 88-120
Parla la parte della fiamma più alta (Ulisse)	così, muovendo la punta da una parte e dall'altra, come una lingua che parla, ha fatto uscire fuori la voce e ha detto: 90
Il Monte Circeo	«Quando sono andato via da Circe, che mi ha tenuto più di un anno da lei, nel posto che, dopo Enea, <u>si chiama Gaeta</u>, 93
L'amore per la famiglia non lo ferma: vuole ripartire	né l'**affetto** per mio figlio, né **la pietà** per il mio vecchio padre, né **il legittimo amore** che doveva fare felice Penelope 96
Più che nella famiglia, Ulisse <u>crede nel valore del sapere</u>	hanno potuto vincere **il desiderio** che avevo, dentro di me, di diventare **esperto** <u>del mondo</u>, dei vizi e delle virtù degli uomini; 99
Ulisse è partito e naviga attraverso il <u>Mediterraneo</u>	e mi sono messo in viaggio **in mare aperto** solo con una nave e con quei pochi compagni che non mi hanno mai abbandonato. 102
Ha visto i confini del Mediterraneo	Ho visto una costa e l'altra fino alla Spagna fino al Marocco e alla Sardegna, e le altre isole bagnate da quel mare. 105
<u>Ercole aveva messo le colonne per segnare il confine del mare navigabile</u>	Io e i miei compagni eravamo vecchi e stanchi quando siamo arrivati a Gibilterra <u>dove Ercole aveva messo le colonne</u>, 108
L'uomo non doveva superare quelle colonne	**per impedire all'uomo di andare oltre**: a destra ho lasciato Siviglia, a sinistra avevo già lasciato Setta. 111
Ulisse convince i compagni a proseguire	"O fratelli", ho detto, "che attraverso centomila pericoli, siete arrivati all'estremo occidente in questa breve e ultima parte 114
Per gli antichi oltre le colonne <u>c'era solo acqua</u>	della nostra vita sensibile non vogliate negare **l'esperienza** di seguire il corso del sole, <u>verso il mondo disabitato</u>. 117
L'uomo è nato per sapere	Pensate alla vostra origine: non siete stati creati per vivere come bestie, **ma per seguire la virtù e la conoscenza**". 120

Riflettiamo

Le Colonne d'Ercole

Ercole segna il confine per l'uomo a Gibilterra con delle colonne. Le Colonne d'Ercole indicano il limite del Mare Mediterraneo, il limite del mare calmo e navigabile: oltre c'è l'Oceano, difficile da navigare. Chi passa le Colonne non ritorna indietro e si avvicina verso la fine del mondo. L'Odissea non parla di questo viaggio di Ulisse: il racconto che fa qui, è tutto inventato da Dante.

Rispondi

Cosa dice Ulisse per convincere i compagni?

Canto 26, vv. 121-142

	Ho fatto diventare i miei compagni **così desiderosi**	Ulisse convince i compagni a superare le Colonne d'Ercole
123	con questo piccolo discorso, di mettersi in viaggio, che difficilmente avrei potuto fermarli;	
126	e girata la poppa[9] della nostra nave verso occidente, abbiamo fatto diventare i remi, ali per il nostro **folle volo**, sempre proseguendo verso sinistra.	Il viaggio è folle[10] perché si sapeva che c'era solo acqua
129	La notte mostrava già tutte le costellazioni del polo australe, mentre quello boreale era tanto basso che non si vedeva dalla linea dell'orizzonte.	Nel Medioevo si sapeva già che la Terra è tonda!
132	Cinque volte si era accesa e altrettante volte spenta la luce più bassa della luna da quando avevamo iniziato **il difficile viaggio**,	Dopo 5 mesi di navigazione
135	quando ci è apparsa **una montagna**, scura per la lontananza, che mi sembrava tanto alta quanto nessun'altra avevo mai vista prima.	La montagna del Purgatorio è sotto l'equatore
138	Eravamo felici, ma presto l'allegria è diventata pianto: perché da quella **nuova terra** era arrivato un vortice[11] che aveva colpito la nave a prua[12].	Dio ha stabilito che nessuno può arrivare al Paradiso Terrestre
142	**Tre volte** ha fatto girare la nave in un vortice; la quarta volta ha fatto alzare in alto la poppa e ha fatto inabissare la prua, **come voluto da altri**, fin quando il mare si è richiuso sopra di noi».	Tre, il numero della Trinità Come voluto da Dio

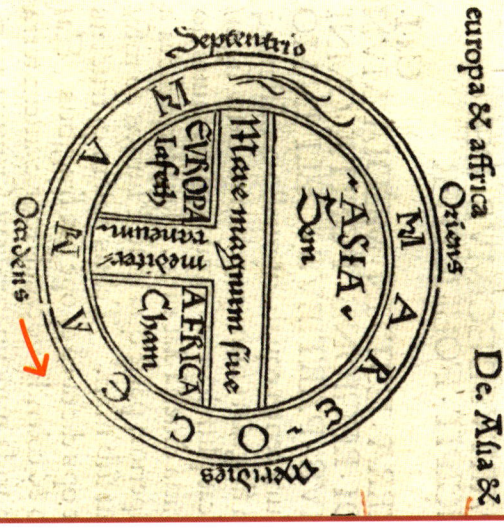

Questa è la mappa del mondo conosciuto durante il Medioevo: Ulisse va nell'Oceano e poi scende seguendo la sinistra.

Nella foto: illustrazione di Isidoro di Siviglia (600 d.C.)

Riflettiamo

Perché Ulisse dice che il suo era un «folle volo» (v. 125)?
_____
_____
_____
_____

Rispondi

Dante Alighieri | LA DIVINA COMMEDIA PER STRANIERI

APPROFONDIMENTI

Marco Polo

L'8 gennaio 1324 muore Marco Polo: nel 1271, insieme con il padre Niccolò e lo zio Matteo partono da Venezia per andare ad Est, verso Oriente. Arrivano in Cina, dopo tre anni e mezzo di viaggio. Incontrano Kublai Khan e Marco diviene suo consigliere e poi suo ambasciatore.

La bufala degli spaghetti

La leggenda dice che gli spaghetti sono stati portati dalla Cina da Marco Polo: non è vero, è una bufala[13]! Questa leggenda è nata dopo l'uscita del film, con Gary Cooper, *Le avventure di Marco Polo* (1938), dove il giovane esploratore torna in Italia dalla Cina, nel 1295: ma erano i *noodles*, non gli spaghetti! Infatti gli spaghetti si facevano già in Sicilia almeno dall'anno 1000. In quel tempo la Sicilia era araba e Abu Abd Allah Muhammed, cartografo di Ruggero II, re di Sicilia, scrive di una pasta secca a forma di fili, chiamata "itriyya", fatta nella colonia araba di Palermo.

Leonardo da Vinci, da giovane

I RIS di Parma sono Carabinieri che si occupano di indagini come nella serie televisiva *CSI*. Hanno usato l'autoritratto di Leonardo da Vinci per ricostruire al computer il volto da giovane del genio rinascimentale. Questo in foto era il volto di Leonardo da giovane.

I discendenti

Un'altra curiosità: sono 35 i discendenti ancora in vita di Leonardo. Tra questi c'è il regista Gianfranco Corsi, ovvero il famoso Franco Zeffirelli.

Nella foto: G. Dorè, *Ottava Bolgia,* 1857

Canto 26, vv. 1-12

Godi, Fiorenza, poi che se' sì grande,
che per mare e per terra batti l'ali,
3   e per lo 'nferno tuo nome si spande!

Tra li ladron trovai <u>cinque cotali</u>
tuoi cittadini onde mi ven vergogna,
6   e tu in <u>grande orranza</u> non ne sali.

Ma se <u>presso al mattin del ver si sogna</u>,
tu sentirai di qua da picciol tempo
9   di quel che Prato, non ch'altri, t'agogna.

E se già fosse, non saria per tempo.
Così foss'ei, da che pur esser dee!
12   **ché più mi graverà, com' più m'attempo.**

Firenze è famosa anche all'Inferno

<u>Cinque cittadini di buona famiglia</u>
<u>Grande onore</u>

<u>Orazio, *Satire*, X, 32-33</u>

La profezia di Dante per Firenze

Amore-Odio

Dante prova un amore-odio per Firenze: non tornerà mai più a Firenze eppure continua ad amarla.

'Amore e odio' sono due temi che vengono da lontano, da Catullo (50 a.C.) che **Guido Ceronetti** (1927-2018) traduce in italiano così: «Odio e amo. Come sia non so dire. Ma tu mi vedi qui crocifisso al mio odio ed amore».

La celebre **Mina** canta invece: «Invece no, invece no la vita è quella che tu dai a me / in guerra tutti i giorni sono viva / sono come piace a te. / Ti odio poi ti amo poi ti amo, poi ti odio, poi ti amo, / non lasciarmi mai più / sei grande, grande, grande / come te sei grande solamente tu». (*Grande, grande, grande* 1971)

Riflettiamo

Sul Palazzo Podestarile di Firenze c'è un'iscrizione del 1255: cosa dice?

Rispondi

Canto 26, vv. 13-42

Ci aveva fatto diventare <u>bianchi</u> per lo spavento	Noi ci partimmo, e su per le scalee che n'avea fatto <u>iborni</u> a scender pria, rimontò 'l duca mio e trasse mee; 15
<u>Tra i massi sporgenti della parete</u> era difficile camminare	e proseguendo la solinga via, tra le schegge e <u>tra' rocchi de lo scoglio</u> lo piè sanza la man non si spedia. 18
Dante autore prova ancora dolore; deve fermare la sua intelligenza	**Allor mi dolsi, e ora mi ridoglio** quando drizzo la mente a ciò ch'io vidi, e **più lo 'ngegno affreno ch'i' non soglio**, 21
<u>Se l'influsso</u>[14] degli astri o la Grazia divina... che non me ne privi da me stesso	**perché non corra che virtù nol guidi;** sì che, <u>se stella bona o miglior cosa</u> m'ha dato 'l ben, <u>ch'io stessi nol m'invidi</u>. 24
Come d'estate	Quante 'l villan ch'al poggio si riposa, <u>nel tempo che colui che 'l mondo schiara la faccia sua a noi tien meno ascosa,</u> 27
Quando è sera	come la mosca cede alla zanzara, vede **lucciole** giù per la vallea, forse colà dov'e' vendemmia e ara: 30
Dante sta osservando dall'alto il fondo della Bolgia	di tante fiamme tutta risplendea l'ottava bolgia, sì com'io m'accorsi tosto che fui là 've 'l fondo parea. 33
Queste fiammelle sono come il carro di Elia...	E qual colui che si vengiò con li orsi vide 'l carro d'Elia al dipartire, quando i cavalli al cielo erti levorsi, 36
... del quale carro Eliseo poteva vedere solo il fuoco	che nol potea sì con li occhi seguire, ch'el vedesse altro che la fiamma sola, sì come nuvoletta, in sù salire: 39
L'anima dei <u>fraudolenti</u>	**tal si move ciascuna** per la gola del fosso, **ché nessuna mostra 'l furto**, e ogne fiamma un peccatore invola. 42

Riflettiamo

A proposito di Elia, nella *Bibbia* è scritto: «Ora, mentre essi [Elia ed Eliseo] camminavano discorrendo[15], ecco un carro di fuoco e cavalli di fuoco si interposero tra di loro ed Elia subito salì in cielo nel turbine[16]. Eliseo osservava e gridava: 'Padre mio, padre mio, carro di Israele e suoi cavalli'» (Re II, 2, 11-12).

Anche Eliseo è presentato con una perifrasi di ascendenza biblica: «Mentre saliva per la strada, alcuni ragazzi uscirono dalla città e lo sbeffeggiarono[17] con queste parole: 'Vieni su, pelato; vieni su, pelato!'. Voltandosi, li vide e li maledisse nel nome di Jahve. Due orse uscirono dal bosco e sbranarono 42 di quei ragazzi». (Re II, 2, 23-24)

Rispondi

In questa Bolgia sono puniti i 'consiglieri fraudolenti': prova a spiegare la punizione che ricevono per contrappasso.

_____

_____

Canto 26, vv. 43-63

45	Io stava sovra 'l ponte a veder surto, sì che s'io non avessi un ronchion preso, caduto sarei giù sanz'esser urto.	Dante si mantiene alla montagna
48	E 'l duca **che mi vide tanto atteso**, disse: «Dentro dai fuochi son li spirti; catun si fascia di quel ch'elli è inceso».	Virgilio vede Dante guardare le fiamme incuriosito
51	«Maestro mio», rispuos'io, «per udirti **son io più certo; ma già m'era avviso** che così fosse, e già voleva dirti:	Dante dice a Virgilio: "questo lo vedo anch'io"
54	chi è 'n quel foco **che vien sì diviso** di sopra, che par surger de la pira dov'Eteòcle col fratel fu miso?».	C'è una fiamma con una doppia punta
57	Rispuose a me: «Là dentro si martira **Ulisse e Diomede**, e così insieme a la vendetta vanno come a l'ira;	Ulisse, re di Itaca e Diomede, re di Argo
60	e dentro da la lor fiamma si geme l'**agguato** del caval che fé la porta onde uscì de' Romani il gentil seme.	Da Troia è scappato Enea, che ha fondato Roma: ricorda il Canto II
63	Piangevisi entro l'**arte** per che, morta, Deidamìa ancor si duol d'Achille, e del Palladio pena vi si porta».	Ulisse ha ingannato la principessa Deidamia e ha rubato una statua sacra

Mentire

Il Medioevo detesta la menzogna. L'epiteto[18] di Dio è «colui che non mentì mai». S. Agostino scrive un libro che diventa un best seller: *Sulla menzogna* e individua ben 8 specie di menzogne.

«La prima specie di menzogna, quella che è necessario evitare e fuggire sopra ogni altra, è quella che riguarda la dottrina religiosa. Seconda è quella che danneggia ingiustamente qualcuno: che cioè è tale che a nessuno reca vantaggi mentre nuoce a qualcuno. La terza specie è data da quelle menzogne che, mentre a qualcuno giovano, ad altri recano danno, non però contaminando il corpo sì da renderlo immondo[19]. La quarta è di quelle menzogne che si dicono solo per la voglia di mentire e trarre in inganno, cioè le bugie pure e semplici. La quinta specie è data da quelle menzogne che si dicono per il desiderio di farsi belli per l'arguzia[20] nel parlare. C'è poi una sesta specie, che è quella in cui la falsità non arreca[21] danno a nessuno mentre a qualcuno reca[22] vantaggi. Settima specie è quella menzogna che, senza nuocere ad alcuno, giova a qualche altro, e chi interroga non è il giudice. L'ottava specie di menzogne è quella in cui il mentire non danneggia nessuno e giova a qualcuno, preservandolo dall'essere contaminato nel corpo con una di quelle lordure[23] che sopra abbiamo elencate, e non altre». (XIV, 25)

Riflettiamo

Cerca su Internet più informazioni sull'inganno di Ulisse a Deidamia; oppure in Stazio, *Achilleide*, I, 283-396.

Rispondi

Nel Medioevo si navigava sotto costa, non essendoci ancora la bussola. I primi ad utilizzare la bussola furono gli _____.
Lo pseudo inventore, Flavio Gioia, non è mai esistito!

Nella foto: *Duomo di Amalfi*

Canto 26, vv. 64-87

Dante prova l'intenso desiderio di conoscere la sorte di Ulisse

«S'ei posson dentro da quelle faville
parlar», diss'io, «maestro, assai ten **priego
e ripriego, che 'l priego** vaglia mille,   66

Il poeta, in piedi sul ponte, si è proteso in avanti

che non mi facci de l'attender niego
fin che la fiamma cornuta qua vegna;
vedi che **del disio** ver' lei mi piego!».   69

Ma trattieniti dal fare domande

Ed elli a me: «La tua preghiera è degna
di molta loda, e io però l'accetto;
ma fa che la tua lingua si sostegna.   72

Potrebbero essere schivi[24] dal parlare con te

Lascia parlare a me, **ch'i' ho concetto
ciò che tu vuoi**; ch'ei sarebbero schivi,
perch'e' fuor greci, forse del tuo detto».   75

Forma latina di ho udito

Poi che la fiamma fu venuta quivi
dove parve al mio duca tempo e loco,
in questa forma lui parlare audivi: 78

Il riferimento è all'*Eneide*: «se ho ben meritato presso di te» (IV, 317)

«O voi **che siete due dentro ad un foco**,
s'io meritai di voi mentre ch'io vissi,
s'io meritai di voi assai o poco   81

L'*Eneide*

Andò a morire

quando nel mondo li alti versi scrissi,
non vi movete; ma l'un di voi dica
dove, per lui, **perduto** a morir gissi».   84

Antica, perché è da molto tempo all'Inferno

Lo maggior corno de la fiamma antica
cominciò a crollarsi mormorando
pur come quella cui vento affatica;   87

Perché in due?

Riflettiamo

Ulisse e Diomede sono un'altra di quelle coppie di anime, come Paolo e Francesca, Farinata e Cavalcanti, che sono destinate a dare a Dante insegnamenti maggiori. Dante legge di Ulisse nel libro III dell'*Eneide* di Virgilio: Ulisse è presentato come tessitore[25] di inganni; e nel I dell'*Achilleide* di Stazio, dove risolve ogni difficoltà con l'aiuto del fedele Diomede. Ma anche Cicerone, Ovidio e Orazio sono tra le fonti di Dante: Ulisse è presentato amante della sapienza e desideroso di novità.

Rispondi

Perché è Ulisse 'la fiamma dal maggior corno'?
_____
_____

Canto 26, vv. 88-120

90	indi la cima qua e là menando, come fosse la lingua che parlasse, gittò voce di fuori, e disse: «Quando	La fiamma diventa per il dannato la lingua
93	mi diparti' da <u>Circe, che sottrasse</u> me più d'un anno là presso a Gaeta, prima che sì Enea la nomasse,	<u>Circe abitava l'isola di Eea, presso il Capo Circeo</u>
96	né **dolcezza** di figlio, né la **pietà** del vecchio padre, né 'l **debito amore** lo qual dovea Penelopé far lieta,	Ulisse non percepisce la famiglia come un valore più alto della conoscenza
99	vincer potero dentro a me l'**ardore** ch'i' ebbi a divenir del **mondo esperto**, e de li vizi umani e del valore;	Del mondo e degli uomini: dei vizi e delle virtù. Insomma, di tutto
102	ma misi me per <u>l'alto mare aperto</u> sol con un legno e con quella compagna picciola da la qual non fui diserto.	<u>Ulisse è partito per il Mediterraneo</u>
105	L'un lito e l'altro vidi infin la Spagna, fin nel Morrocco, e l'isola d'i Sardi, e l'<u>altre</u> che quel mare intorno bagna.	Le isole Baleari e le <u>altre isole italiane</u>
108	Io e' compagni eravam <u>vecchi e tardi</u> quando venimmo a quella foce stretta dov'Ercule segnò li suoi riguardi,	Erano <u>vecchi e stanchi</u>
111	**acciò che l'uom più oltre non si metta**: da la man destra mi lasciai Sibilia, da l'altra già m'avea lasciata Setta.	'Non plus ultra' era l'avvertimento: 'non più oltre'
114	"O frati", dissi "che per cento milia perigli siete giunti a l'occidente, a questa tanto picciola vigilia	L'orazione di Ulisse è un capolavoro di persuasione
117	d'i nostri sensi ch'è del rimanente, non vogliate negar **l'esperienza**, di retro al sol, **del mondo sanza gente**.	Il tempo della vita che rimane è attesa della morte
120	Considerate la vostra semenza: fatti non foste a viver come bruti, **ma per seguir virtute e canoscenza**".	«Naturalmente li homini boni desiderano sapere» Leonardo da Vinci, *Aforismi, Novelle e Profezie*

Aristotele o Icaro?

Aristotele, nel primo libro della *Metafisica* (I - 980a-980b) scrive: «Tutti gli uomini aspirano al sapere per natura». Il discorso di Ulisse è un discorso aristotelico: gli uomini desiderano sapere. Perché dunque è andato all'Inferno? Pensiamo poi ad Icaro, figlio di Dedalo: era stato rinchiuso con il padre nel labirinto di Creta ma riuscì a fuggire volando con le ali che Dedalo aveva adattato con la cera al suo corpo. Avvicinatosi troppo al Sole, la cera si sciolse e Icaro cadde nel mare.

Riflettiamo

«del mondo sanza gente» (v. 117): perché Ulisse allora ci va?

Rispondi

Dante Alighieri | Inferno

Canto 26, vv. 121-142

Desiderosi e pronti al cammino

Li miei compagni fec'io <u>sì aguti</u>,
con questa orazion picciola, al cammino,
che a pena poscia li avrei ritenuti; 123

Folle vuol dire <u>andare oltre i limiti</u>

e volta nostra poppa nel mattino,
de' remi facemmo ali al **folle volo**,
sempre acquistando dal lato mancino. 126

<u>Ulisse è giunto all'equatore</u>: si vedono le stelle dell'altro emisfero

Tutte le stelle <u>già de l'altro polo</u>
vedea la notte e 'l nostro tanto basso,
che non surgea fuor del marin suolo. 129

<u>Il viaggio dura ormai da 5 mesi</u>

<u>Cinque volte racceso e tante casso
lo lume era di sotto da la luna</u>,
poi che 'ntrati eravam ne **l'alto passo**, 132

La montagna del Purgatorio arriva fino alla luna (P. Lombardo, *Sentenze*, II, 17)

quando n'apparve **una montagna**, bruna
per la distanza, e parvemi alta tanto
quanto veduta non avea alcuna. 135

Il Paradiso è interdetto[26] a tutti gli uomini (Genesi 3, 24)

Noi ci allegrammo, e tosto tornò in pianto,
ché de la **nova terra** un turbo nacque,
e percosse del legno il primo canto. 138

Il mare si richiude sopra di lui, restituendo l'eterna solitudine voluta da Dio

Tre volte il fé girar con tutte l'acque;
a la quarta levar la poppa in suso
e la prora ire in giù, **com'altrui piacque**,
infin che 'l mar fu sovra noi richiuso». 142

Riflettiamo

Contentarsi

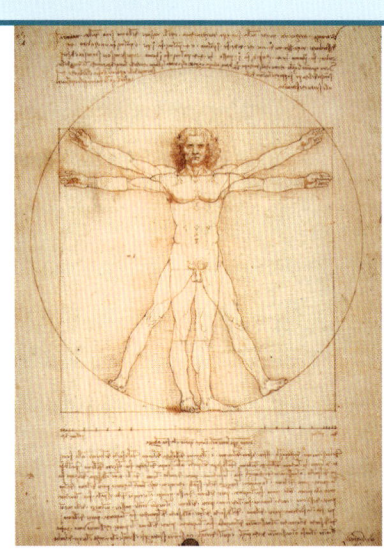

Il discorso di Ulisse ai compagni si chiude in una maniera analoga ad un passo del *Convivio* (II, 7, 3-4): «E però chi da la ragione si parte, e usa pur la parte sensitiva, non vive uomo, ma vive bestia». Il *Convivio* si era aperto richiamandosi ad Aristotele: «tutti li uomini naturalmente desiderano di sapere» (*Metafisica* I, 1), poiché la scienza è la perfezione dell'uomo. Dunque, ripetiamo: se sapere è il fine dell'uomo, perché Ulisse è all'Inferno? La soluzione a questo enigma ce la dà Dante stesso nel suo già citato *Convivio*: «contentarsi», che vuol dire innanzitutto 'contenersi'. Dante ce lo spiega così: la Sapienza «conduce mirabili bellezze, cioè contentamento in ciascuna condizione di tempo e dispregiamento di quelle cose che li altri fanno loro signori». Ulisse non si contiene e non si accontenta per questo si mette in viaggio, all'opposto di Dante che, proprio all'inizio del Canto, frena il suo ingegno (vv. 21-22).

Rispondi

Ulisse può vedere la montagna del Purgatorio da lontano: può essere un'allegoria, per te? Prova a spiegarla.

Leopardi e il Naufragare

Leopardi (1798-1837) è uno dei più grandi poeti italiani. Nel 1819 scrive l'*Infinito*:

«Sempre caro mi fu quest'ermo colle,
e questa siepe, che da tanta parte
dell'ultimo orizzonte il guardo esclude.
Ma sedendo e mirando, interminati
spazi di là da quella, e sovrumani
silenzi, e profondissima quïete
io nel pensier mi fingo, ove per poco
il cor non si spaura. E come il vento
odo stormir tra queste piante, io quello
infinito silenzio a questa voce
vo comparando: e mi sovvien l'eterno,
e le morte stagioni, e la presente
e viva, e il suon di lei. Così tra questa
immensità s'annega il pensier mio:
e il naufragar m'è dolce in questo mare.»

Il poeta ha una siepe davanti che gli impedisce di vedere l'orizzonte. Si siede: lo sguardo è impedito, perciò gli spazi al di là della siepe sono indeterminati; i sensi sono impediti, per questo il silenzio non è uno, ma tanti 'silenzi'; nella quiete più profonda il poeta si concentra tutto nel pensiero e in questo infinito il poeta per poco non ne resta turbato. Quando il poeta sente il suono del vento confronta questa voce al silenzio di prima: vede l'immagine dell'eterno, del tempo passato, del presente e del futuro. Il suo pensiero annega allora in questa immensità che è duplice, di spazio e di tempo. In questo mare immaginato annega il suo pensiero: il mistero resta, lasciando a lui (e ad ogni uomo) la dolcezza di questa illusione.

A proposito di maschere: *Uno, nessuno e centomila*

Luigi Pirandello (1867- 1936), premio Nobel per la Letteratura (1934), nella sua opera *Uno, nessuno e centomila* (1925) racconta la storia di Vitangelo Moscarda, persona ordinaria e benestante che un giorno, guardandosi allo specchio, dopo una battuta della moglie ha una crisi di identità. Scopre che le persone intorno a lui hanno un'immagine della sua persona completamente diversa, una diversa dall'altra e nessuna come la sua. Insomma lui è 'uno' in quanto Vitangelo, è 'centomila' perché diverso per ognuno, e non è 'nessuna' di tutte queste 'maschere' che riceve dagli altri. Chi è dunque Vitangelo? Prova a cambiare vita completamente, fino a quando, diventato pazzo, viene rinchiuso, costretto a vivere l'ennesima 'maschera' imposta dalla società, che lo ha condannato come adultero: rifiuta così ogni identità personale, alienato da se stesso, sempre nuovo e senza ricordi.

Test

Verifica

1. Rispondi Vero (V) o Falso (F).
   a. Il canto si apre con un'invettiva di Dante.   V | F
   b. Il fondo della bolgia VII è pieno di fiamme.   V | F
   c. Virgilio mostra a Dante la fiamma di Ulisse.   V | F
   d. Ulisse parla con Virgilio.   V | F
   e. Ulisse ha visitato il Purgatorio.   V | F

2. Qual è il contrappasso per i consiglieri fraudolenti?
   _____
   _____
   _____

3. Che cosa prova Dante nei confronti di Firenze?
   Indifferenza ☐
   Rabbia ☐
   Disprezzo ☐
   Attaccamento ☐

4. Quali sono le colpe per cui Ulisse e Diomede sono condannati?
   _____
   _____
   _____

5. Il dialogo è tra Virgilio e Ulisse: che cosa significa questo per te?
   _____
   _____
   _____

6. Confronta le parole dette da Ulisse a Dante, con quelle dette da Virgilio a Dante nel Canto I.
   _____
   _____
   _____

Interpretazione

Ristoro d'Arezzo nel 1282 scrive un trattato di geografia e astronomia intitolato *Composizione del mondo*. Nel libro II, parte 8, capitolo 12 spiega perché solo l'emisfero settentrionale è abitato, mentre quello meridionale è interamente ricoperto dalle acque. Cita come fonte attendibile il filosofo arabo Averroè (1126-1198). La domanda è questa: se l'emisfero meridionale è vuoto, «sanza genti» (v. 117), perché andarci?

Che cosa hai imparato

1. La ragione non può spiegare tutto.
2. Guida della ragione è la virtù e dunque la fede.
3. Contentarsi è la chiave per non perdersi.
4. Con la sola ragione l'uomo arriva solo alle soglie del Purgatorio.
5. La parola è duplice: può dire la verità e può ingannare.

Canto 34

Guarda la foto: conosci il titolo di questo film? (1988)

Il picc____ dia____o

Benigni ha fatto anche un film sull'inferno di Auschwitz: ricordi il nome?

Prova a completare la storia risolvendo il rebus

Un sacerdote americano, don Maurizio, fa un esorcismo[1] su una parrucchiera di nome Giuditta: da lei esce un diavoletto nudo, che prende il nome della parrucchiera, Giuditta e dice di voler restare sulla Terra, perché qui gli sembra tutto molto divertente e nuovo.

Poi incontra Nina, ma Giuditta non sa niente di ...

IN   E   NI

Leggi la storia

È Sabato 9 aprile 1300: Dante, senza commenti, lascia Ulisse e Diomede ma un peccatore li ferma. È Guido da Montefeltro: è quello che ha dato il consiglio a Bonifacio VIII di come eliminare la famiglia dei Colonna; e il Papa lo aveva perdonato di ogni peccato in anticipo. Ma la giustizia di Dio è inesorabile[2]: era un inganno. Nel pomeriggio incontrano Maometto, poi più avanti i falsari[3] di moneta e di parola. Alle 3 del pomeriggio sono arrivati nel pozzo dei giganti, quelli che avevano costruito la torre di Babele: sono enormi ma intrappolati nella terra. Uno di loro, Anteo, li prende e li fa scendere in basso, sul fondo del pozzo. Quando sono le 4 del pomeriggio, Dante e Virgilio sono arrivati al fondo dell'Inferno (Canto XXXII) e visitano la Caina, un posto ghiacciato, dove sono puniti i traditori. Alle 5 del pomeriggio arrivano nella zona n. 2, chiamata Antènora dove sono puniti i traditori della patria, immersi nel ghiaccio. Nella Tolomea, la zona n. 3, sono puniti i traditori degli ospiti e degli amici: questi sono in un lago ghiacciato, dove anche le loro lacrime, per il freddo, non possono uscire fuori. Alle 6 del pomeriggio Dante e Virgilio sono nella Giudecca: qui sono puniti i traditori dell'autorità. Dante vede Lucifero, bloccato nel ghiaccio: ha 6 ali, 3 facce di 3 colori diversi e piange mentre mangia 3 traditori. Virgilio prende in braccio Dante e cammina sul pelo di Lucifero: riescono così ad andare nell'emisfero meridionale. Dante vede di nuovo, finalmente, le stelle. Finisce così il viaggio all'Inferno.

Parole chiave:
ghiaccio
Lucifero
stelle

Dante Alighieri | Inferno

Che espressione è quella nella foto?

☐ paura
☐ stupore
☐ vergogna

Conosci il personaggio della foto?

F _ _ t _ _ _ i

Canto 34, vv. 1-15

Lucifero è il re dell'Inferno

«**Le bandiere del re dell'Inferno avanzano verso di noi**;
perciò guarda davanti a te
- ha detto il maestro mio - se riesci a vederlo».   3

Dante vede qualcosa di altissimo

Come quando c'è una nebbia fitta[4]
o quando nel nostro emisfero scende la notte,
e appare in lontananza **un mulino a vento**,   6

Si mette dietro a Virgilio

mi è sembrato allora di vedere un simile edificio;
**poi a causa del vento mi sono messo dietro
alla mia guida**, visto che non c'era nessun altro rifugio.   9

Dante autore ha ancora paura di quello che ha visto

Ormai mi trovavo, **e lo scrivo con orrore nei miei versi**,
nella zona dove le anime erano sepolte[5] del tutto nel ghiaccio,
ed erano trasparenti come paglia[6] nel vetro.   12

Le anime nel ghiaccio non sono supine

Alcune sono distese, altre sono dritte,
alcune in verticale con la testa, altre sottosopra,
altre ancora, come l'arco, hanno il viso tra i piedi.   15

Riflettiamo

Dante è arrivato finalmente al centro dell'Inferno, nella parte più bassa, dove incontra Lucifero. Non c'è fuoco, ma ghiaccio; le anime dei dannati non urlano, sono tutte fissate nel ghiaccio; c'è solo il rumore del vento che è gelido[7] e forte; è molto buio e non si vede bene ma in lontananza Dante vede qualcosa di altissimo.

Rispondi

Dante si mette dietro a Virgilio per ripararsi dal vento: Virgilio è un fantasma o no?

_____
_____

134 EDILINGUA

Canto 34, vv. 16-36

Quando siamo andati abbastanza avanti
che al mio maestro è sembrato opportuno
18   mostrarmi **la creatura che era stata così bella**,

si è spostato e mi ha fatto fermare,
dicendo: «Ecco Dite ed ecco il luogo
21   **dove è necessario che tu ti armi**[8] **di coraggio**».

Come io in quel momento sono diventato **di ghiaccio**
e senza parole, non domandare o lettore, perché non lo dico,
24   dal momento che ogni parola sarebbe inadeguata[9].

Io **non ero morto e non ero in vita**;
pensa oramai da te, **se hai sale in zucca**,
27   come ero in quello stato, senza la vita e senza la morte.

L'imperatore del regno del dolore
usciva fuori dal ghiaccio fino alla pancia;
30   e c'è maggior proporzione fra me e un gigante

che non fra i giganti e le sue braccia:
vedi allora, rispetto a quella parte del corpo,
33   quali devono essere le dimensioni totali del suo corpo.

Se lui è stato tanto bello quanto ora è brutto,
e **nonostante questo** aveva osato **ribellarsi** al suo Creatore,
36   è giusto che da lui derivi ogni male.

Annotazioni a lato:
- Lucifero, creato da Dio, era l'angelo più bello
- Dite è il nome del re degli Inferi nella mitologia
- Dante non può spiegare a parole come si è sentito
- Si sente uno zombie
- Lucifero è bloccato nel ghiaccio: le gambe sono sotto il lago
- I giganti sono alti quanto le sue braccia
- Dio lo aveva fatto bellissimo: ma Lucifero non si è accontentato

Riflettiamo

La storia di Lucifero

Lucifero (o Satana) è nella Bibbia e anche nel Vangelo di Luca, dove Cristo dice di aver visto Satana cadere dal cielo. Ma è il Corano a dire perché è caduto. Il più bello degli angeli è diventato così il più brutto di tutti: Dante lo descrive come una bestia. Lucifero è ora bloccato nel centro della Terra: metà del corpo è nell'emisfero boreale, l'altra metà nell'emisfero australe.

Nella foto: G. Dorè, *La caduta di Lucifero*, in J. Milton, *Il Paradiso Perduto*, 1667

Rispondi

Dante dice che Lucifero si è ribellato a Dio. Perché? Trova su internet il racconto di Lucifero come è scritto nel Corano.

Dante Alighieri | LA DIVINA COMMEDIA PER STRANIERI

Canto 34, vv. 37-60

Dio è uno, ma è 3 persone distinte.
Lucifero è uno, ma ha 3 facce

Oh, quanto mi sono meravigliato
quando ho visto che la sua testa aveva **tre facce**!
Una era davanti ed era rossa; 39

Altre due facce erano laterali[11]

le altre erano due ed erano unite alla prima
a metà di ogni spalla, e si univano
dietro al capo, dove certi animali hanno la cresta[10]: 42

La destra era giallastra
La sinistra era nera

la destra mi sembrava **tra bianca e gialla**;
la sinistra era del colore di quelli che vengono dal paese
dove il Nilo entra in una valle. 45

Aveva 2 ali per ogni faccia, dunque 6 ali in totale

Sotto ogni faccia uscivano due grandi ali,
quanto era conveniente a un **uccello** tanto grande:
non ho mai visto per mare vele di quelle dimensioni. 48

Lucifero sbatte le ali e produce lui i 3 venti freddi dell'Inferno

Non avevano piume, ma sembravano quelle
di un pipistrello; e le sbatteva,
producendo lui quei tre venti: 51

Lucifero piange e le lacrime si mescolano al sangue

a causa di questi, tutto il lago di Cocito si ghiacciava.
Piangeva con sei occhi e sui tre menti
le lacrime si mischiavano a una bava[12] sanguinolenta[13]. 54

Mangia 3 peccatori

Con ognuna delle tre bocche mordeva coi denti
un peccatore, **come una macchina**,
così ne tormentava tre al tempo stesso. 57

Il peccatore al centro era anche graffiato

Per il peccatore al centro essere morso non era niente
rispetto all'essere graffiato, al punto che talvolta la schiena
restava tutta scorticata[14]. 60

Riflettiamo

Lucifero nella *Divina Commedia* è una bestia: abbiamo già visto come il peccato porta l'uomo in questa direzione, a diventare una bestia. Ora capiamo il perché: Lucifero stesso è una bestia, più grande dei giganti, totalmente mostruoso.

Ha il corpo da uomo, pieno di peli, non ha le mani, ma zampe con artigli; non ha più le ali come quelle degli angeli, ma ha le ali da pipistrello. Per questo il pipistrello diventa un animale del male (fino a Dracula). Ha poi 3 facce di 3 colori diversi: le 3 persone della Trinità diventano 3 facce in Lucifero.

Nella foto: Lucifero in un manoscritto del 1450-1475 circa della Biblioteca Trivulziana di Milano

Rispondi

Lucifero piange: secondo te perché?

Canto 34, vv. 61-87

«Quel dannato lassù che soffre una pena più grave»
ha detto il maestro «è **Giuda Iscariota**,
63   che tiene la testa dentro la sua bocca e muove le gambe fuori.

Degli altri due che hanno la testa fuori,
quello che pende[15] dalla **faccia nera è Bruto**:
66   vedi come si contorce[16] senza dire niente!

L'altro è **Cassio**, che sembra così robusto.
Ma la notte ritorna e ormai dobbiamo andare,
69   **perché abbiamo visto tutto**».

Come Virgilio voleva, ho abbracciato il suo collo;
e lui ha aspettato il momento e il luogo opportuni,
72   e quando le ali erano abbastanza aperte

si è aggrappato ai suoi **fianchi pelosi**;
poi è sceso in basso mantenendosi sui peli,
75   passando tra i fianchi e la crosta gelata di Cocito.

Quando siamo arrivati dove la coscia si unisce
al bacino, sulla parte grossa dell'anca[18],
78   Virgilio, con fatica e affanno

ha girato la testa dove Lucifero aveva le gambe,
e si è aggrappato al pelo come uno che sale,
81   così che io credevo di tornare nuovamente all'Inferno.

«Tieniti forte, perché salendo su queste scale»
ha detto il maestro, **ansimando**[19] **come un uomo affaticato**,
84   «dobbiamo allontanarci da tanto male».

Poi è uscito fuori attraverso una spaccatura[20] nella roccia,
e mi ha fatto sedere sull'orlo[21] dell'apertura;
87   dopo si è avvicinato subito verso di me.

- Giuda ha la testa nella bocca di Lucifero
- Bruto tradisce Giulio Cesare
- Lucio Cassio, seguace di Catilina, cospiratore[17]
- Dante si aggrappa a Virgilio
- Scendono tra il corpo di Lucifero e il ghiaccio del lago Cocito
- Quando arrivano all'anca, Virgilio si gira…
- … e comincia a salire: usa sempre i peli come scala
- Virgilio è stanco: chiede a Dante di tenersi forte
- Sotto il lago, sotto le ginocchia di Lucifero, c'è una montagna

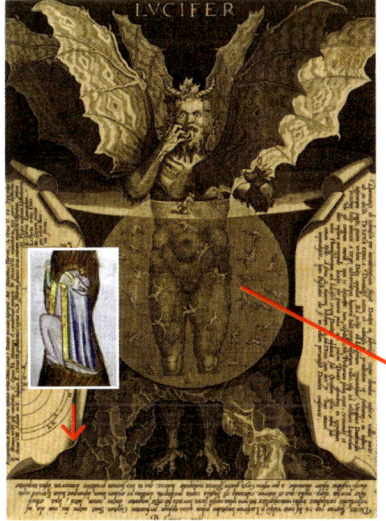

Foto: A. Vellutello, *Lucifero*, 1534

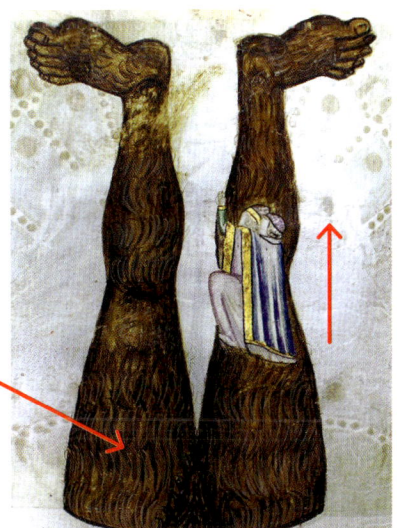

Lucifero capovolto. Codex Altonensis

Virgilio è campione dell'Escape Room: perché possiamo dire questo?

Riflettiamo

Rispondi

Canto 34, vv. 88-117

Dante alza la testa e vede le gambe di Lucifero	Io ho alzato gli occhi e credevo di vedere Lucifero come l'avevo lasciato, invece **vedevo le sue gambe in alto**; 90
Lucifero è al centro della Terra	e se io allora ero confuso, lo creda la gente ignorante, che non ha capito **qual è il punto che io avevo oltrepassato**. 93
Sono nell'altro emisfero, 12 ore di differenza: per questo ora sono le 7.30 del mattino	«Alzati in piedi» ha detto il maestro «la strada è lunga e il cammino è difficile, e sono già le 7 e mezza del mattino». 96
C'è una caverna naturale nella roccia	Non era un percorso facile come in una stanza di un palazzo, ma eravamo in **una caverna naturale** che aveva il suolo sconnesso[22] e poca luce. 99
Dante ha bisogno di capire	«Prima di lasciare **l'abisso infernale**, maestro mio», ho detto quando ero alzato, «parlami un poco per togliermi un dubbio: 102
Fa 3 domande a Virgilio	**dov'è il ghiaccio**? e Lucifero **come** può essere messo così sottosopra? e come è possibile che in **così poco tempo** il sole ha fatto il giro dalla sera alla mattina?» 105
	E lui a me: «Tu pensi ancora di essere dall'altra parte del centro della Terra, dove io mi sono aggrappato
Lucifero è come un verme nella mela (Terra)	al pelo **del verme malvagio** che buca il mondo. 108
Il centro del mondo era per gli antichi il centro della gravità	Tu eri nell'emisfero boreale fin quando io scendevo; invece quando mi sono girato, tu hai oltrepassato il punto verso il quale tendono tutti i pesi del mondo. 111
Le terre emerse[23] sono solo nell'emisfero boreale	E ora sei arrivato sotto l'emisfero australe che è opposto a quello boreale delle terre emerse, e dove, sotto il punto più alto, è stato ucciso 114
Cristo	l'uomo che è nato e vissuto senza peccato;
Intorno al centro della Terra c'è una bolla Il Cerchio dell'Inferno dove è Lucifero	tu hai i piedi su una piccola sfera che ha la faccia opposta nella Giudecca. 117

Riflettiamo

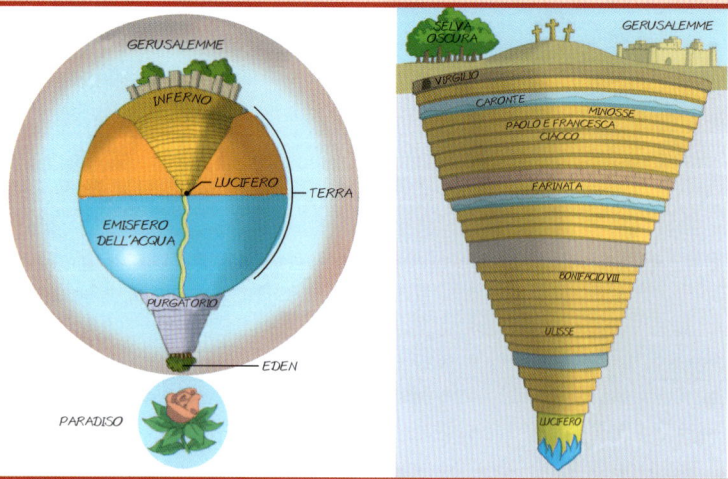

Rispondi

Virgilio come chiama Lucifero? Cerca la parola nel testo.

Canto 34, vv. 118-139

Qui è mattino, quando nell'altro emisfero è sera;
e Lucifero, che col suo pelo ci ha fatto da scala,
120   è conficcato esattamente come lo era prima.

È caduto giù dal cielo da questa parte;
e la terra, che prima emergeva nell'emisfero australe,
123   per paura di lui si è nascosta sotto il mare,

ed è venuta nel nostro emisfero; e forse,
per evitare il contatto con lui, la terra che si vede da noi
126   ha lasciato qui lo spazio vuoto e si è fatta montagna».

Laggiù c'è un luogo tanto lontano da Belzebù
quanto si estende la cavità[23] sotterranea,
129   che è riconoscibile **non grazie alla vista ma al suono**

di un piccolo fiume che scende qui
attraverso una cavità che ha scavato nella roccia
132   lungo il suo corso, che è poco ripido.

Il maestro ed io siamo entrati in quel cammino nascosto
per tornare nel mondo luminoso;
135   e senza prenderci un attimo di riposo

salivamo su, **lui per primo e io dietro**,
fino a quando ho visto, attraverso un buco tondo,
alcune creature che il cielo porta.
139   E passando di lì, **siamo usciti a rivedere le stelle**.

- Lucifero è sempre fisso nel centro: sono loro che stanno dall'altra parte
- Il Paradiso si trova nel cielo sopra l'emisfero australe
- La terra per non toccarlo si è spostata nell'emisfero boreale
- Inferno e Purgatorio sono grandi uguali
- Il fiume Lete, il fiume della dimenticanza[25]
- Dante e Virgilio salgono in superficie
- Dante vede di nuovo le stelle: ma sono quelle dell'emisfero australe

L'ultima parola dell'Inferno: 'stelle'

Lucifero è caduto dal cielo, con la testa in basso; e così è ora fissato nel centro della terra. Dopo la caduta tutta la Terra si è spostata nell'altro emisfero, dove è oggi: Gerusalemme è il centro del mondo.

Nel viaggio nell'Inferno Dante ha usato moltissimo gli occhi: anche se era buio e c'era pochissima luce, tutte le anime che ha voluto incontrare le ha viste prima.

Quali sono i colori dell'Inferno? Nero, Rosso, e il Bianco per la paura. Dante ha anche ascoltato tanto: innanzitutto le grida e il dolore delle anime; ma nel punto più basso dell'Inferno c'è solo vento, freddo e silenzio: perché Lucifero è una bestia, non ha niente di umano. Ed è con l'udito che Virgilio ascolta il rumore del piccolo fiume per trovare la via di uscita. Poi, di nuovo la vista: Dante vede le stelle.

Riflettiamo

La statua dell'angelo che vedi nella foto sopra è in un cimitero a Roma sulla tomba di chi?

Rispondi

Dante Alighieri | LA DIVINA COMMEDIA PER STRANIERI

APPROFONDIMENTI

Nel Battistero di S. Giovanni, a Firenze, c'è il mosaico del Giudizio Universale di Coppo di Marcovaldo (nella foto a destra). Probabilmente Dante prende ispirazione per Lucifero da questa rappresentazione. Vediamo che Lucifero ha il corpo umano, ma la testa è quella di un animale: ha la barba, ha le corna e dalle orecchie spuntano fuori due serpenti. Anche qui, Giuda è mangiato dalla testa, gli altri due peccatori sono mangiati al contrario. Lucertole e diavoli completano la scena. Lucifero siede tra le fiamme; lo sfondo è d'oro, simbolo dell'assoluto, del senza tempo, dunque di Dio. Una simile composizione è quella del *Giudizio Universale* di Giotto (1306).

Nella foto in basso: particolare di Giotto, *Giudizio Universale*, 1306.

La rappresentazione del diavolo più impressionante è quella contenuta nel famoso 'Codice Gigas' (sec. XII), il più grande manoscritto medievale esistente al mondo. A pagina 577 è presente l'immagine del diavolo (foto a sinistra): ha gli artigli[26] alle mani e ai piedi; il corpo è ancora quello di un uomo e non ha peli. La testa invece è molto particolare: ha le corna, le squame[27] (non i capelli), due zanne[28] sporgenti e la faccia è di colore verde.

Canto 34, vv. 1-15

«**Vexilla regis prodeunt inferni**
verso di noi; però dinanzi mira»,
3   disse 'l maestro mio «<u>se tu 'l discerni</u>».

Come quando una grossa nebbia spira,
o quando l'emisperio nostro annotta,
6   <u>par di lungi</u> **un molin** che 'l vento gira,

veder mi parve un tal dificio <u>allotta</u>;
poi **per lo vento mi ristrinsi retro**
9   al duca mio; ché non lì era altra grotta.

Già era, e **con paura il metto in metro**,
là dove l'ombre tutte eran coperte,
12 e <u>trasparien come festuca in vetro</u>.

Altre sono a giacere; altre stanno erte,
quella col capo e quella con le piante;
15 altra, com'arco, <u>il volto a' piè rinverte</u>.

— Se <u>lo</u> vedi

— <u>Sembra da lontano</u>

— <u>Allora</u>

— <u>E trasparenti come una pagliuzza</u>[29] rimasta nel vetro

— Come nel film *L'esorcista*
Altre ancora <u>portano il volto ai piedi</u>, piegandosi come un arco

Difforme - Deforme

Il riferimento è all'Inno cristiano di Venanzio Fortunato (VI secolo), vescovo di Poitiers, scritto per celebrare le reliquie[30] della croce donate dall'imperatore d'Oriente Giustino II alla regina Santa Radegonda.

Ovviamente nell'Inno manca la parola 'inferni': «*del re avanza il vessillo/ rifulge il mistero della Croce*». L'esaltazione della Croce, da parte dei cristiani è difforme; così come difforme è stato il comportamento di Lucifero, che lo ha reso 'deformato'.

Il commercio delle reliquie: Baudolino

Baudolino, protagonista dell'omonimo libro di Umberto Eco (2000) è un giovane ragazzo di campagna piemontese che viene adottato da Federico Barbarossa (1122-1190). Baudolino è un gran bugiardo: commercia reliquie e inventa la storia del Graal come calice di Cristo, finendo per spacciare[31] per tale una vecchia coppa di suo padre (Cap. 22).

«Appunto. Anch'io pensai che una reliquia vale se trova il suo giusto posto in una storia vera». (*Baudolino*, 2000, Bompiani, p. 118)

Riflettiamo

Prova a spiegare l'allegoria nella terza terzina (vv. 4-6).
_____
_____

Rispondi

Dante Alighieri | Inferno

- La creatura che fu più bella
- È necessario che ti armi di coraggio (Canto II)
- Ogni parola sarebbe inadeguata ad esprimerlo
- Pensa da solo, senza affidarti ai miei suggerimenti
- C'è più proporzione tra me e un gigante
- Perché sia proporzionata a quella parte
- Osò ribellarsi
- Derivare da lui ogni male

Canto 34, vv. 16-36

Quando noi fummo fatti tanto avante,
ch'al mio maestro piacque di mostrarmi
la creatura ch'ebbe il bel sembiante, 18

d'innanzi mi si tolse e fé restarmi,
«Ecco Dite», dicendo, «ed ecco il loco
ove convien che di <u>fortezza</u> t'armi». 21

Com'io divenni allor **gelato e fioco**,
nol dimandar, lettor, ch'i' non lo scrivo,
<u>però ch'ogne parlar sarebbe poco</u>. 24

Io **non mori' e non rimasi vivo**:
<u>pensa oggimai per te</u>, **s'hai fior d'ingegno**,
qual io divenni, d'uno e d'altro privo. 27

Lo 'mperador del doloroso regno
da mezzo 'l petto uscìa fuor de la ghiaccia;
e <u>più con un gigante io mi convegno</u>, 30

che i giganti non fan con le sue braccia:
vedi oggimai quant'esser dee quel tutto
<u>ch'a così fatta parte si confaccia</u>. 33

S'el fu sì bel com'elli è ora brutto,
e **contra 'l suo fattore <u>alzò le ciglia</u>**,
ben dee da lui proceder ogne lutto. 36

Impossibile da esprimere

Incapacità espressiva e inadeguatezza dei mezzi verbali: in questo sovrapporsi all'uomo, travalicando[32] i limiti delle sue capacità, Lucifero e Dio si assomigliano, pur essendo antitetici[33]. Solo Dio è assoluto, ma Lucifero è quello che più si avvicina a questa assolutezza, proprio in virtù dell'incapacità dell'uomo di potersi esprimere su di lui o di poterlo immaginare. È questa la straordinarietà del passo dantesco: la limitatezza delle capacità umane riporta Lucifero nel piano più vicino a Dio. Ancora una volta.

Eugenio Montale

Eugenio Montale (1896 - 1981), Premio Nobel per la Letteratura (1975), nella poesia *Non chiederci la parola* (1925) scrive: «Non chiederci la parola che squadri da ogni lato/ l'animo nostro informe, e a lettere di fuoco/ lo dichiari e risplenda come un croco[34]/ perduto in mezzo a un polveroso prato[...]».

Riflettiamo

Rispondi

Prova a commentare la prima strofa della poesia di Montale.

Canto 34, vv. 37-60

	Oh quanto parve a me gran maraviglia	Era <u>rossa</u>
	quand'io vidi **tre facce** a la sua testa!	
39	L'una dinanzi, <u>e quella **era vermiglia**</u>;	
	l'altr'eran due, che s'aggiugnieno a questa	<u>A metà di ogni spalla e si congiungono al posto della cresta</u>
	<u>sovresso 'l mezzo di ciascuna spalla</u>,	
42	<u>e sé giugnieno al loco de la cresta</u>:	
	e la destra parea **tra bianca e gialla**;	<u>Là</u> *dove il Nilo scende*
	la sinistra a vedere era tal, quali	
45	vegnon di là <u>onde 'l Nilo s'avvalla</u>.	
	Sotto ciascuna uscivan due grand'ali,	Lucifero non ha più niente che ricordi un uomo
	quanto si convenia **a tanto uccello**:	
48	vele di mar non vid'io mai cotali.	
	Non avean penne, ma di vispistrello	<u>3 venti erano prodotti da lui</u>
	era lor modo; e quelle svolazzava,	
51	sì che <u>tre venti si movean da ello</u>:	
	quindi Cocito tutto s'aggelava.	Cocito è al centro della terra, fatto dalle lacrime dei peccatori (Canto XIV)
	Con sei occhi **piangea**, e per tre menti	
54	gocciava 'l pianto e sanguinosa bava.	
	Da ogne bocca dirompea co' denti	<u>Come una gramola</u>: è una macchina che serve a triturare[35]
	un peccatore, **a guisa di maciulla**,	
57	sì che tre ne facea così dolenti.	
	A quel dinanzi il mordere era nulla	La schiena di Giuda rimane <u>senza pelle</u>
	verso 'l graffiar, che talvolta la schiena	
60	<u>rimanea de la pelle tutta brulla</u>.	

Tre facce

Papa Innocenzo III (1161-1216) aveva redatto[36] un trattato, il 'De sacrosancti altaris mysterio', nel quale specificava i colori delle stoffe e degli abiti liturgici[37]. In esso leggiamo:

- il bianco-dorato, simbolo di purezza, è utilizzato per Natale, l'epifania e Pasqua;
- il rosso, che ricorda il sangue versato da e per Cristo, è utilizzato per la Pentecoste;
- il nero, che ricorda la penitenza, è usato dalla Settuagesima[38] a Pasqua.

Questi 3 colori si susseguono nell'anno liturgico (Natale, Pasqua, Pentecoste, dunque bianco-dorato, nero, rosso): a guardare la faccia di Lucifero, l'ordine in lui è antiorario, procede da destra a sinistra, come il cammino di Dante nella discesa degli Inferi.

In Lucifero insomma è raffigurata la caricatura dello stesso mistero religioso. Al posto dell'eucarestia, il masticare i peccatori; al posto della Trinità, le 3 facce. Lucifero è privato di potenza (è infatti bloccato), privato di parola, privato di sentimento. Ma piange, disperato, perché desidera inutilmente Dio.

Riflettiamo

Cerca la rappresentazione di Lucifero nel portale della cattedrale di Leon: quali sono le differenze con quella di Dante?

Rispondi

Canto 34, vv. 61-87

Ci ricorda Papa Niccolò III nel Canto XIX

«Quell'anima là sù c'ha maggior pena»,
disse 'l maestro, «è **Giuda Scariotto**,
che 'l capo ha dentro e fuor le gambe mena. 63

<u>Non parla</u>. La fonte è Stazio (Phars. II, 234)

De li altri due c'hanno il capo di sotto,
quel che pende dal nero ceffo è **Bruto**:
vedi come si storce, <u>e non fa motto!</u>; 66

Gaio Cassio Longino, <u>vigoroso</u> organizzatore del complotto contro Cesare

e l'altro è **Cassio** che <u>par sì membruto</u>.
Ma la notte risurge, e oramai
è da partir, **ché tutto avem veduto**». 69

<u>Virgilio studia il tempo e il luogo adatto</u> per aggrapparsi

Com'a lui piacque, il collo li avvinghiai;
ed el <u>prese di tempo e loco poste</u>,
e quando l'ali fuoro aperte assai, 72

Lucifero è <u>coperto di pelo</u>

appigliò sé <u>a le vellute coste</u>;
di vello in vello giù discese poscia
tra 'l folto pelo e le gelate croste. 75

<u>Dove è la giuntura della coscia, proprio dove l'anca si ingrossa</u>

Quando noi fummo <u>là dove la coscia
si volge, a punto in sul grosso de l'anche</u>,
lo duca, con fatica e con angoscia, 78

<u>Come uomo che sale</u>
Scende fino al centro della Terra, poi sale

volse la testa ov'elli avea le zanche,
e aggrappossi al pel <u>com'om che sale</u>,
sì che 'n inferno i' credea tornar anche. 81

<u>Tieniti ben stretto</u>

«<u>Attienti ben</u>, ché per cotali scale»,
disse 'l maestro, ansando **com'uom lasso**,
«conviensi dipartir da tanto male». 84

<u>Sotto il fondo del lago, vicino all'anca di Lucifero, si apre una grotta</u>

Poi uscì fuor <u>per lo fóro d'un sasso</u>,
e puose me in su l'orlo a sedere;
appresso porse a me l'accorto passo. 87

Riflettiamo

Cesare: le idi di marzo

Bruto e Cassio erano considerati i massimi traditori del potere temporale. **Francesco Petrarca** (1304-1374), uno dei grandi della letteratura italiana, scrisse anche una storia degli uomini illustri. Nel capitolo dedicato a Cesare,  Petrarca scrive: «questo indegnamente è stato ucciso: anche perché molti di quelli che furono ad ucciderlo eran nominati nel testamento tutori: se a caso alcuni figlioli gli fossero nati. Alcuni erano scritti tra i suoi eredi, come era Decio Bruto il quale sommamente[39] a questa morte ha contribuito a renderla crudele: il quale testamento pochi mesi innanzi alla morte egli haveva facto».

Nella foto: V. Camuccini, *La morte di Cesare*, 1804-1805, Museo di Capodimonte, Napoli

Rispondi

Che cosa teme Dante?

Canto 34, vv. 88-117

	Io <u>levai li occhi</u> e credetti vedere Lucifero com'io l'avea lasciato, e **vidili le gambe in sù tenere**;	<u>Alzai gli occhi</u> Le gambe di Lucifero sono distese nella caverna
90		
	e <u>s'io divenni allora travagliato, la gente grossa il pensi</u>, che non vede **qual è quel punto ch'io avea passato**.	<u>Quanto io fossi tormentato lo può pensare la gente ignorante</u>
93		
	«Lèvati sù», disse 'l maestro, «in piede: la via è lunga e 'l cammino è malvagio, e <u>già il sole a mezza terza riede</u>».	<u>Virgilio al v. 68 aveva detto che era notte</u>
96		
	Non era camminata di <u>palagio</u> là 'v'eravam, ma **natural burella** ch'avea mal suolo e di lume disagio.	<u>Palazzo</u> <u>Un luogo stretto e sotterraneo</u>
99		
	«Prima ch'io de **l'abisso** <u>mi divella</u>, maestro mio», diss'io quando fui dritto, «a trarmi d'<u>erro</u> un poco mi favella:	Prima che io <u>esca fuori</u> <u>Errore</u>
102		
	ov'è la ghiaccia? e questi **com'è fitto** sì sottosopra? **e come**, in sì poc'ora, da sera a mane ha fatto il sol tragitto?»	<u>Conficcato</u>
105		
	Ed elli a me: «Tu imagini ancora d'esser di là dal centro, ov'io mi presi al pel del **vermo reo** che 'l mondo fóra.	Lucifero è <u>il baco</u> nascosto di tutto l'universo
108		
	Di là fosti cotanto quant'io scesi; quand'io mi volsi, tu passasti 'l punto <u>al qual si traggon d'ogne parte i pesi</u>.	<u>Il centro della Terra è il centro del Sistema cosmico</u> (*Convivio*, III, 5)
111		
	E se' or sotto l'emisperio giunto ch'è contraposto a quel che la gran secca coverchia, e <u>sotto 'l cui colmo</u> consunto	<u>Gerusalemme</u>, dove passa al suo punto più alto, il meridiano terrestre
114		
	<u>fu l'uom che nacque e visse sanza pecca</u>: tu hai i piedi in su picciola spera che l'altra faccia fa de la <u>Giudecca</u>.	<u>Cristo</u> Dante è nella parte opposta <u>alla parte centrale del Cocito</u>
117		

Il Barone Rampante

Nel 1957 Italo Calvino (1923-1985) pubblica *Il barone rampante*[40], la storia di Cosimo Piovasco di Rondò, giovane barone che dopo un litigio col padre, sale su un albero del giardino per non scenderne mai più. La disobbedienza diventa così sfida per l'autocostruzione della propria vita, in una favola della «prova umana». Umberto Eco riassume così il libro: «[Cosimo] perde forse i vantaggi dello stare con i piedi per terra ma acquista in ampiezza di prospettiva».

Riflettiamo

Solo Cocito tiene bloccato Lucifero: che significa? Torna al v. 52.

Rispondi

Dante Alighieri | Inferno

Canto 34, vv. 118-139

Mattina
È ancora conficcato

Lucifero cadde dal cielo che sta sopra l'emisfero australe

Prima era l'opposto: la terra era nell'emisfero australe

La natural burella, lunga quanto la cavità infernale

Il fiume Lete, uno dei fiumi del Purgatorio

Camminano per altre 24 ore, senza riposare

Il sole, gli astri, il cielo

> Qui è **da man**, quando di là è sera;
> e questi, che ne fé scala col pelo,
> fitto è ancora sì come prim'era. 120
>
> **Da questa parte cadde giù dal cielo**;
> e la terra, che pria di qua si sporse,
> per paura di lui fé del mar velo, 123
>
> e venne a l'emisperio nostro; e forse
> per fuggir lui lasciò qui loco vòto
> quella ch'appar di qua, e sù ricorse». 126
>
> Luogo è là giù da Belzebù remoto
> tanto quanto la tomba si distende,
> che **non per vista, ma per suono** è noto 129
>
> d'un ruscelletto che quivi discende
> per la buca d'un sasso, ch'elli ha roso,
> col corso ch'elli avvolge, e poco pende. 132
>
> Lo duca e io per quel cammino ascoso
> intrammo a ritornar **nel chiaro mondo**;
> e sanza cura aver d'alcun riposo, 135
>
> salimmo sù, el primo e io secondo,
> tanto ch'i' vidi de le cose belle
> che porta 'l ciel, per un pertugio tondo.
> E quindi uscimmo a **riveder le stelle**. 139

Tempo di esplorazioni

Nella lettera del 15 febbraio 1493, indirizzata a Rafaele Saxis, tesoriere dei Reali di Spagna, Cristoforo Colombo scrive del successo della spedizione: «Signore, perché so che avrete piacere della grande vittoria che nostro Signore mi ha dato nel mio viaggio [...]».

Il 7 luglio 1503 scrive ai Reali di Spagna: «Tolomeo disse che la terra più australe è il primo termine, e che non abbassa più di 15 gradi e un terzo. Il mondo è poco: quello che è sutto, cioè a terra, è sei parti: la settima solamente è coperta di acqua: la esperienza già è stata vista, e a Vostre Maestà la scrissi per altre mie, con adornamento della Sacra Scrittura, ancora con il sito del Paradiso terrestre, quale Chiesa Santa prova. Dico che il mondo non è tanto grande, come il volgo dice, e che un grado della linea equinoziale è miglia 56 e due terzi: presto si toccherà con mano. Di questo non è mio proposito in tal materia parlarne, salvo di darvi conto del mio duro e affaticoso viaggio, ancora che sia il più nobile e utilissimo».

Nella foto: Ridolfo del Ghirlandaio, *Ritratto postumo di Cristoforo Colombo*, 1520

Riflettiamo

Rispondi

Dante torna a rivedere le stelle. Spiega questa allegoria.

L'importanza del numero 3 nella *Divina Commedia*

1. Tre sono le allegorie nel viaggio di Dante: quello dell'uomo morale (in cerca della salvezza dal peccato), dell'uomo religioso (l'uomo che segue le verità spirituali della Rivelazione Cristiana), dell'uomo politico (l'uomo che si batte per la monarchia universale);
2. Tre sono le bestie che incontra Dante fuori dalla selva, le quali sono da ostacolo per la salita sul colle. Il riferimento è in Aristotele, come Virgilio stesso ci ricorda nel Canto XI: 3 sono le disposizioni d'animo che «il cielo non vuole», «incontinenza, vizio e bestialità» (*Etica a Nicomaco*, VII, 1): lonza, leone, lupa;
3. L'Inferno è diviso in 3 parti: **incontinenti** (Cerchi II, III, IV, V); dentro la città di Dite sono puniti i malvagi veri: **i violenti** (Cerchio VII, diviso in 3 gironi); **i malvagi con frode** verso chi non si fida (Cerchio VIII diviso in 10 bolge) e **i traditori**, ovvero i malvagi con frode verso chi si fida (Cerchio IX, diviso in 4 parti);
4. Tre sono le donne che sono corse in aiuto di Dante: la Vergine Maria, Santa Lucia, Beatrice (Canto II, 94-108); allegorie della lezione di S. Tommaso: **la grazia sanante** (che fa raggiungere il bene connaturale all'uomo); **la grazia elevante** (che rende meritevoli della vita eterna e quindi di un bene soprannaturale); **la grazia attuale** (che muove l'uomo ad agire);
5. Tre sono le persone della Trinità che per giustizia hanno creato l'Inferno (Canto III, 1-3);
6. Tre sono le domande che Dante rivolge a Francesca (Canto V, 118-120);
7. Tre sono le domande che Dante rivolge a Ciacco (Canto VI, 60-63);
8. Tre sono i valori che Ulisse non rispetta (Canto XXVI, 94-96); tre sono i giri che fa la sua barca prima di affondare (v. 139);
9. Tre sono le facce di Lucifero, dei 3 colori base dei paramenti liturgici medievali: bianco, nero, rosso;
10. Tre sono i colori dell'Inferno: nero, rosso e bianco (della paura);
11. Tre giorni è il tempo della prima Cantica: da Giovedì Santo a Sabato Santo. Dante passa una notte e un giorno nella Selva e nel Limbo; una notte e un giorno nell'Inferno; una notte e un giorno nella Burella;
12. Tre sono le domande che Dante rivolge a Virgilio su Lucifero (Canto XXXIV, 103-105).

Giuda in mezzo a noi

Nella foto: Leonardo da Vinci, *L'ultima cena*, 1498, Santa Maria delle Grazie, Milano

Il Cenacolo[41] corrisponde con precisione alle descrizioni di Varrone: Leonardo sa che il cenacolo è al primo piano della casa romana, luogo che si prende in affitto perché la famiglia, di solito quella dei proprietari, mangia nel 'triclinium[42]' che è al pian terreno. Gli apostoli sono in gruppi di 3 ed ognuno reagisce a quanto accade. Leonardo è il primo pittore che mette Giuda nello stesso lato della tavola, insieme con gli Apostoli: è nel primo gruppo alla destra del Cristo, insieme a Pietro e S. Giovanni. Inoltre, Leonardo è il primo pittore che non dipinge S. Giovanni in braccio a Cristo. S. Pietro lo chiama per dirgli qualcosa nell'orecchio e Cristo rimane così solo. Perché Dio è solo.

Verifica

Test

1. Rispondi Vero (V) o Falso (F).
   a. La Giudecca è nel centro di Cocito. V | F
   b. Dante vede subito Lucifero. V | F
   c. Lucifero ha tre teste. V | F
   d. Giuda è masticato e scorticato. V | F
   e. Dante e Virgilio vedono una «natural burella». V | F

2. Che cos'è la «natural burella»?
   _____
   _____
   _____

3. Quali sentimenti esprimono i versi 22-27?
   Orrore ☐
   Terrore ☐
   Meraviglia ☐
   Paura ☐

4. Lucifero è detto anche «verme»: ricordi quale altro personaggio era stato chiamato così? (Canto VI)
   _____
   _____
   _____

5. Dove si trova il Purgatorio, secondo la cosmologia dantesca?
   _____
   _____
   _____

6. Spiega le domande che Dante rivolge a Virgilio.
   _____
   _____
   _____

Interpretazione

Guarda la mappa di pagina 138. A Gerusalemme, sul Calvario, è stato consumato il sacrificio di Cristo: il legno della croce si oppone antiteticamente al legno dell'albero del bene e del male, nell'Eden. Prova a spiegare questo parallelismo. Che cosa acquista allora Dante, nel cammino che si annuncia sul Purgatorio: innocenza o conoscenza?

Che cosa hai imparato

1. Lucifero è al centro della Terra, bloccato: lì, piange.
2. Lucifero è la caricatura deforme della Trinità.
3. La terra è un globo: nell'emisfero delle acque c'è il Purgatorio.
4. Al vedere si sostituisce ora il 'sentire' e dunque l'ascoltare.
5. Tradire i benefattori è colpa infima.

Glossario

Canto 1

1 **feroce**, (m./f.): crudele
2 **addirittura**, avv.: persino, anche
3 **affamato**, (m.): che ha fame
4 **indietreggia**, inf. indietreggiare: camminare indietro
5 **selva**, (f.): la foresta
6 **intricata**, (f.): complessa come un labirinto
7 **assonnato**, (m.): che ha sonno
8 **naufrago**, (m.): chi si è perso in mare
9 **affanno**, (m.): respiro pesante
10 **all'improvviso**, avv.: una cosa che arriva senza avvisare
11 **maculata**, (f.): a macchie
12 **rabbiosa**, (f.): piena di rabbia
13 **si rattrista**, inf. rattristarsi: diventare tristi
14 **annunciazione**, (f.): l'angelo annuncia la gravidanza a Maria
15 **Mantova**, (f.): città italiana
16 **Anchise**, (m.): eroe dell'Iliade
17 **Troia**, (f.): città greca
18 **incontentabile**, (m./f.): che non è mai contento
19 **caccerà**, inf. cacciare: mandare via
20 **ricacciata**, inf. ricacciare: mandare giù
21 **esiliato** inf. esiliare: mandare lontano dalla propria città
22 **erronea**, (f.): sbagliata
23 **inconsapevolezza**, (f.): lo stato di chi non sa
24 **calati**, (m. pl.): discesi
25 **traversammo**, inf. traversare: attraversare
26 **giacimento**, (m.): luogo ricco di qualcosa
27 **concime**, (m.): sostanze per dare forza alla terra
28 **screziata**, (f.): colorata
29 **amarezza**, (f.): dolore, tristezza
30 **eloquenza**, (f.): abilità nel parlare e nello scrivere
31 **cupiditate**, (origine latina): desiderio di ricchezze, di possesso
32 **armonizzare**, inf.: mettere in accordo
33 **chiarissima fama**: la chiara fama di cui gode
34 **Messer** (italiano antico): titolo per giudici o notai o per persone importanti
35 **notabili** (m. pl.): degno di essere conosciuto
36 **invocano**, inf. invocare: chiamare a gran voce
37 **scampi**, inf. scampare: fuggire
38 **simbolismo**, (m.): carattere simbolico
39 **ultraterreno**, (m.): divino
40 **covarle**, inf. covare: riscaldare le uova
41 **rispondenti**, (m./f.): che seguono
42 **catacombe**, (f. pl.): cimitero sotterraneo
43 **sincretismo**, (m.): unione, fusione di pensieri o religioni diverse
44 **ammansì**, inf. ammansire: rendere calmo
45 **imberbe**, (m./f.): senza barba

Canto 2

1 **muse**, (f. pl.): ninfe che ispirano l'arte e la scienza
2 **soccorrere**, inf.: andare in aiuto
3 **si rassicura**, inf. rassicurarsi: tranquillizzarsi
4 **ingegno**, (m.): creatività
5 **vali**, inf. valere: riferito a persona, avere valore, capacità, doti
6 **invoca**, inf. invocare: chiamare, pregare
7 **provvidenza**, (f.): la volontà divina
8 **discendenza**, (f.): le generazioni successive, gli eredi
9 **ragionevole**, (m./f.): che usa la ragione
10 **successore**, (m.): chi prende il posto di un altro
11 **eterna**, (f.): che non ha mai fine
12 **autorizza**, inf. autorizzare: dare il permesso
13 **degno**, (m.): che merita qualcuno o qualcosa
14 **acconsento**, inf. acconsentire: dire di sì
15 **follia**, (f.): pazzia
16 **accecante**, (m./f.): che rende ciechi
17 **magnanimo**, (m.): di animo nobile, generoso
18 **onorevoli**, (m. pl.): che portano onore
19 **sospesi**, (m. pl.): persona che si trova in uno stato di incertezza, di dubbio, di attesa
20 **brillavano**, inf. brillare: produrre luce, risplendere
21 **lucenti**, (m./f. pl.): che mandano luce
22 **cortese**, (m./f.): nobile come un cavaliere
23 **mantovana**, (f.): di Mantova, città italiana
24 **sperduto**, (m.): che si è perso
25 **ha mosso**, inf. muovere: mi ha fatto venire qui
26 **ricompensa**, (f.): premio
27 **virtù**, (f.): qualità dell'animo
28 **occorre**, inf. occorrere: essere necessario
29 **suppliche**, (f. pl.): preghiera per chiedere qualcosa
30 **soccorri**, inf. soccorrere: correre in aiuto
31 **distinto**, (m.): degno di stima più degli altri
32 **assalto**, (m.): attacco
33 **si raddrizzano**, inf. raddrizzarsi: tornare dritto
34 **proposito**, (m.): intenzione
35 **lapide**, (f.): dove è scritto il nome di una persona morta
36 **colpo di fulmine**, (m.): innamoramento immediato
37 **euforico**, (m.): molto felice
38 **proemio**, (m.): introduzione di un testo poetico
39 **compimento**, (m.): realizzazione
40 **si accinge**, inf. accingersi: iniziare a fare qualcosa
41 **estasi**, (f.): perdere coscienza
42 **pendio**, (m.): lato della montagna
43 **infrangere**, inf.: non rispettare
44 **intercede**, inf. intercedere: intervenire in aiuto di qualcuno
45 **ferrea**, (f.): rigida
46 **doppiezza**, (f.): carattere di ciò che è doppio; falsità, ipocrisia
47 **dualità**, (f.): una cosa che non è unica
48 **parimenti**, (avv.): ugualmente

Canto 3

1 **neutrali**, (m. pl.): né di un partito né di un altro
2 **onnipotente**, (m.): che ha tutti i poteri
3 **prigionia**, (f.): la condizione di chi è in prigione
4 **esitazione**, (f.): dubbio, incertezza
5 **imprecazioni**, (f. pl.): bestemmia

Glossario

⁶ **flebili**, (m./f. pl.): suono leggero
⁷ **rimbombava**, inf. rimbombare: rumore che si diffonde
⁸ **ignavi**, (m. pl.): senza virtù
⁹ **spregevole**, (m./f.): vergognoso
¹⁰ **sorte**, (f.): destino
¹¹ **misericordia**, (f.): pietà
¹² **viltà**, (f.): azione di una persona senza coraggio
¹³ **sciagurati**, (m. pl.): persona poco responsabile
¹⁴ **mosconi**, (m. pl.): insetti, grandi mosche
¹⁵ **sponda**, (f.): lato di un fiume
¹⁶ **sbiancano**, inf. sbiancare: diventare bianchi in volto, spesso per la paura
¹⁷ **sprona**, inf. spronare: stimolare a fare qualcosa
¹⁸ **perisce**, inf. perire: morire
¹⁹ **climax**, (m.): progressiva intensificazione
²⁰ **digressioni**, (f. pl.): parlare di un'altra cosa in un discorso
²¹ **schiera**, (f.): gruppo
²² **stendardo**, (m.): insegna, simile a bandiera
²³ **traghettatore**, (m.): la persona che guida una barca, un traghetto
²⁴ **prostrate**, (f. pl.): stanchissime, in ginocchio
²⁵ **convulso**, (m.): frenetico, affannoso
²⁶ **balena**, inf. balenare: lampeggiare, risplendere
²⁷ **nunzio**, (m.): annunciatore
²⁸ **amputata**, inf. amputare: tagliare
²⁹ **membro**, (m.): l'organo sessuale maschile
³⁰ **stuolo**, (m.): schiera, moltitudine
³¹ **matrice**, (f.): l'organo sessuale femminile
³² **meretrici**, (f. pl.): prostitute
³³ **fornicazione**, (f.): adulterio
³⁴ **scampare**, inf.: evitare
³⁵ **vile**, (m./f.): senza coraggio

Canto 5

¹ **fidarsi**, inf.: avere fiducia in qualcuno
² **lussuriosi**, (m. pl.): i peccatori carnali
³ **sconvolto**, (m.): estremamente agitato
⁴ **sviene**, inf. svenire: perdere i sensi cadendo a terra
⁵ **imbuto**, (m.): largo in alto e stretto in basso
⁶ **lamentarsi**, inf.: provare dolore o tristezza
⁷ **ingannato**, inf. ingannare: far credere una cosa per un'altra
⁸ **ringhia**, inf. ringhiare: dei cani, emettere un minaccioso rumore con i denti
⁹ **sofferenza**, (f.): il provare dolore fisico o emotivo
¹⁰ **bufera**, (f.): tempesta di vento con pioggia e/o neve
¹¹ **travolge**, inf. travolgere: trascinare via
¹² **tormenta**, inf. tormentare: torturare
¹³ **sbattendoli**, inf. sbattere: far urtare violentemente una parte del corpo contro qualcosa
¹⁴ **contrappasso**, (m.): la pena che corrisponde alla colpa
¹⁵ **spettava**, inf. spettare: essere dovuto a qualcuno per diritto
¹⁶ **si è suicidata**, inf. suicidarsi: togliersi la vita
¹⁷ **eppure**, (avv.): ma

¹⁸ **timorosi**, (m. pl.): che hanno paura
¹⁹ **ci ha vinti**, inf. vincere: sconfiggere
²⁰ **intermediario**, (m.): che crea un rapporto tra due persone
²¹ **sublime**, (m./f.): magnifico, grandioso
²² **spronarli**, inf. spronare: esortare qualcuno a fare qualcosa
²³ **pentimento**, (m.): il dispiacere per aver fatto qualcosa
²⁴ **smistare**, inf.: suddividere i vari membri di un gruppo secondo la destinazione adatta a ciascuno
²⁵ **sarcastico**, (m.): ironico
²⁶ **smaschera**, inf. smascherare: rivelare, denunciare la vera natura o identità di qualcuno
²⁷ **grottesca**, (f.): assurda, strana
²⁸ **magnanime**, (f. pl.): chi perdona
²⁹ **squillo**, (f.): prostituta
³⁰ **elargizione**, (f.): concessione
³¹ **si addice**, inf. addirsi: essere opportuno, consono a qualcuno
³² **degenera**, inf. degenerare: cambiare in peggio

Canto 6

¹ **demonio**, (m.): diavolo
² **vizio**, (m.): cattiva abitudine, passione estrema per qualcosa
³ **esilio**, (m.): pena che comporta l'allontanamento per sempre o temporaneo dal proprio Paese
⁴ **avarizia**, (f.): eccessiva attenzione nello spendere soldi
⁵ **superbia**, (f.): esagerata stima di sé stessi
⁶ **invidia**, (f.): gelosia verso un'altra persona
⁷ **puzzolente**, (m./f.): con un cattivo odore
⁸ **stordisce**, inf. stordire: far perdere i sensi
⁹ **voracità**, (f.): esagerata voglia di cibo
¹⁰ **insaziabile**, (m./f.): una fame che non è mai soddisfatta
¹¹ **inconsistenti**, (m./f. pl.): senza materia
¹² **discordia**, (f.): conflitto
¹³ **fazioni**, (m. pl.): gruppi, partiti
¹⁴ **mescolanza**, (f.): diverse cose o persone tutte insieme
¹⁵ **prolifica**, (f.): che ha avuto o può avere molti figli
¹⁶ **supplizio**, (m.): pena corporale crudele e violenta
¹⁷ **odorato**, (m.): il senso per sentire gli odori
¹⁸ **appellativo**, (m.): nome
¹⁹ **primogenitura**, (f.): il diritto di essere il primo figlio
²⁰ **affanno**, (m.): condizione di ansia
²¹ **nocchiero**, (m.): chi è incaricato del governo e dei servizi di bordo di una nave
²² **onta**, (f.): vergogna, disonore
²³ **congiura**, (f.): patto segreto fra più persone decise a far cadere un regime politico e chi lo rappresenta
²⁴ **estorsione**, (f.): reato commesso da chi, con violenza o minaccia, guadagna danneggiando qualcuno
²⁵ **stanziamenti**, (m. pl.): una somma di soldi per realizzare qualcosa
²⁶ **rei confessi**, (m. pl.): colpevoli dichiarati
²⁷ **contumacia**, (f.): assenza non giustificata di un imputato ad un processo
²⁸ **baratteria**, (f.): in passato, guadagnare soldi illegalmente da una carica pubblica

Glossario

29 **dolo**, (m.): compiere un reato volontariamente
30 **inique**, (f. pl.): ingiusto
31 **proventi**, (m. pl.): guadagni
32 **pederastia**, (f.): omosessualità maschile, in particolare rivolta verso adolescenti
33 **interdizione**, (f.): divieto, proibizione di qualcuno da parte di una pubblica autorità
34 **rogo**, (m.): piramide di legna su cui si bruciavano i cadaveri o i condannati a morte per eresia o stregoneria
35 **orchestrata**, inf. orchestrare: organizzare, coordinare
36 **savio**, (m.): saggio

Canto 10

1 **iracondi**, (m. pl.): una persona che si arrabbia molto
2 **sconvolto**, (m.): confuso, turbato
3 **sentiero**, (m.): stradina in ambiente naturale
4 **avevo incrociato**, inf. incrociare: lo sguardo di una persona incontra lo sguardo di un'altra
5 **stupito** (m.): sorpreso
6 **disdegno**, (m.): disprezzo
7 **inginocchiata**, (f.): poggiare sulle ginocchia
8 **razionalista** (m.): chi attribuisce grande importanza al potere della ragione
9 **esplicita** (f.): chiara
10 **supino** (m.): disteso sulla schiena
11 **orrenda** (f.): bruttissima
12 **sospirando**, inf. sospirare: respirare
13 **rimorso** (m.): sentimento di dolore e di tormento per i mali commessi
14 **superstizioni** (f. pl.): credenza irrazionale in forze misteriose che causano eventi negativi
15 **determinante** (m./f.): che ha un effetto o una conseguenza decisiva
16 **assertore** (m.): chi afferma con forza un'idea
17 **loquace** (m.): chi parla troppo
18 **inappagato**, (m.): insoddisfatto
19 **capeggiate**, (f. pl.): comandate
20 **amnistie**, (f. pl.): perdono di un reato
21 **sconfessa**, inf. sconfessare: rinnegare
22 **militanza** (f.): partecipazione concreta all'attività di un partito, un'organizzazione
23 **mecenate** (m.): ricco e generoso protettore di artisti e arti
24 **fu scomunicato**, inf. scomunicare: cacciare dalla comunità religiosa
25 **inscindibile** (m./f.): che non può essere separato

Canto 19

1 **capovolti**, (m. pl.): a testa in giù
2 **rapaci**, (m. pl.): animali che vivono cacciando altri animali
3 **fossa**, (f.): buco nel terreno
4 **imponevano**, inf. imporre: mettere sopra
5 **scalciavano**, inf. scalciare: agitare i piedi e tirare calci
6 **funi**, (f. pl.): lungo fascio di fili di vario materiale
7 **tallone**, (m.): parte posteriore e inferiore del piede

8 **conficcato**, (m.): inserito con forza
9 **lamentosa**, (f.): che si lamenta
10 **appiattiti**, (m. pl.): resi piatti
11 **sorteggiato**, inf. sorteggiare: scegliere casualmente, con un sorteggio, fra più possibilità
12 **ardito**, (m.): coraggioso
13 **calpestando**, inf. calpestare: schiacciare con i piedi
14 **meretrice**, (f.): prostituta
15 **idolatri**, (m. pl.): chi crede negli idoli della religione pagana
16 **accidentata**, (f.): irregolare, danneggiato
17 **ripida**, (f.): che ha una forte pendenza; difficile da scalare
18 **infiltrato**, inf. infiltrare: penetrare lentamente e di nascosto
19 **epigrafe**, (f.): iscrizione posta sulle tombe, sulle facciate degli edifici, sulla base dei monumenti per ricordare uomini o avvenimenti
20 **sfinito**, (m.): molto stanco, senza forze
21 **constatando**, inf. constatare: rendersi conto di qualcosa attraverso delle prove
22 **alloggiati**, inf. alloggiare: posizionare un oggetto
23 **pozzetti**, (m. pl.): piccolo pozzo
24 **ammonì**, inf. ammonire: rimproverare
25 **mandato d'arresto**, (m.): ordine d'arresto emesso dall'autorità giudiziaria
26 **lampeggiante**, (m.): luce posta sulle auto della polizia
27 **pescano**, inf. pescare: cogliere qualcuno sul fatto, mentre sta commettendo un'azione illegale
28 **bustarella**, (f.): compenso illecito in denaro, dato a scopo di corruzione
29 **obolo**, (m.): offerta in denaro (nell'antica Grecia, moneta d'argento)
30 **beni temporali**, (m. pl.): che sono relativi alle cose terrene
31 **giullarata**, (f.): presa in giro (neologismo)

Canto 26

1 **impallidire**, inf.: diventare pallidi, bianchi nel viso
2 **massi**, (m. pl.): grandi rocce
3 **lucciole**, (f. pl.): insetto che produce luce intermittente
4 **vendemmia**, inf. vendemmiare: raccogliere l'uva
5 **zappa**, inf. zappare: lavorare il terreno con lo strumento che si chiama zappa
6 **rapimento**, (m.): azione di prendere una persona contro la sua volontà
7 **inganno**, (m.): azione scorretta che ha l'obiettivo di portare all'errore
8 **progenitore** (m.): colui da cui ha origine una stirpe, una famiglia
9 **poppa**, (f.): estremità posteriore di una nave
10 **folle**, (m./f.): di persona priva di buon senso, incosciente, avventata
11 **vortice**, (m.): corrente di acqua circolare
12 **prua**, (f.): estremità anteriore di una nave
13 **bufala**, (f.): notizia o notizia giornalistica sbagliata
14 **influsso**, (m.): azione esercitata dagli astri sulla natura e sul destino degli uomini
15 **discorrendo**, inf. discorrere: conversare, chiacchierare

Glossario

16 **turbine**, (m.): vortice impetuoso di vento
17 **sbeffeggiarono**, inf. sbeffeggiare: prendere in giro, deridere
18 **epiteto**, (m.): sostantivo o aggettivo che si aggiunge a un nome per dargli una particolare qualificazione
19 **immondo**, (m.): estremamente sporco (anche moralmente)
20 **arguzia**, (f.): grande intelligenza
21 **arreca**, inf. arrecare: causare
22 **reca**, inf. recare: portare, dare
23 **lordure**, (f. pl.): sporcizia, impurità
24 **schivi**, (m. pl.): introverso, chiuso, restio
25 **tessitore** (m.): chi opera con abilità, con metodo, con astuzia
26 **interdetto**, (m.): vietato

Canto 34

1 **esorcismo**, (m.): rituale contro il diavolo
2 **inesorabile**, (m./f.): senza pietà
3 **falsari**, (m. pl.): chi falsifica i documenti o i soldi
4 **fitta**, (f.): densa
5 **sepolte**, (f. pl.): ricoperte, sotterrate, seppellite
6 **paglia**, (f.): la pianta di grano secco tagliata
7 **gelido**, (m.): molto freddo
8 **ti armi**, inf. armarsi: prendere con sé
9 **inadeguata**, (f.): non adatta
10 **cresta**, (f.): parte che sporge dalla testa di alcuni animali
11 **laterali**, (m./f. pl.): ai lati di qualcosa
12 **bava**, (f.): saliva degli animali
13 **sanguinolenta**, (f.): sanguinante, piena di sangue
14 **scorticata**, (f.): graffi sulla pelle
15 **pende**, inf. pendere: piegarsi verso un lato, penzolare

16 **si contorce**, inf. contorcersi: piega il corpo
17 **cospiratore**, (m.): chi organizza qualcosa alle spalle di un altro
18 **anca**, (f.): parte del corpo tra la gamba e il bacino
19 **ansimando**, inf. ansimare: respirare con affanno
20 **spaccatura**, (f.): apertura, rottura
21 **orlo**, (m.): limite, bordo
22 **sconnesso**, (m.): che non è unito e liscio
23 **emerse**, (f.): sono sopra il livello del mare
24 **cavità**, (f.): uno spazio, un buco
25 **dimenticanza**, (f.): l'azione di non ricordare
26 **artigli**, (m. pl.): unghie molto affilate degli animali
27 **squame**, (f. pl.): la pelle dei pesci
28 **zanne**, (f. pl.): denti lunghi e curvi che escono fuori dalla bocca
29 **pagliuzza**, (f.): piccolo pezzo di paglia
30 **reliquie**, (f. pl.): resto del corpo di un Santo o un oggetto appartenuto a lui
31 **spacciare**, inf.: diffondere
32 **travalicando**, inf. travalicare: superare, oltrepassare
33 **antitetici**, (m. pl.): opposti
34 **croco**, (m.): pianta dello zafferano
35 **triturare**, inf.: tritare
36 **redatto**, inf. redigere: scrivere
37 **liturgici**, (m. pl.): tutto ciò che riguarda il culto in Chiesa
38 **settuagesima**, (f.): 70 giorni prima di Pasqua
39 **sommamente**, (avv.): enormemente, grandiosamente
40 **rampante**, (m.): che si arrampica sugli alberi
41 **cenacolo**, (m.): stanza della casa romana dove si mangiava
42 **triclinium**, (parola latina): sala da pranzo con tre letti

FONTI

Pag. 5 https://www.shutterstock.com; **Pag. 6** https://www.filmaffinity.com; **Pag. 7** https://www.youtube.com; **Pag. 9** https://en.wikipedia.org (*in alto*), https://upload.wikimedia.org (*in basso*); **Pag. 10** https://upload.wikimedia.org (*stemma italiano*), https://www.shutterstock.com (*pergamena*); **Pag. 11** https://en.wikipedia.org, **Pag. 12** https://www.paesesera.toscana.it (*profilo Dante*), https://upload.wikimedia.org (*stemma Firenze*); **Pag. 14** https://www.oxfamitalia.org (*in alto*), https://ohpen1.files.wordpress.com (*in basso*); **Pag. 16** https://upload.wikimedia.org; **Pag. 19** https://en.wikipedia.org (*bestiario*), https://www.aboutartonline.com (*mausoleo*), https://www.aboutartonline.com (*catacombe Marcellino*), http://cantiere-24.blogspot.com (*catacombe Callisto*), https://commons.wikimedia.org (*catacombe Priscilla*); **Pag. 21** https://goinswriter.com; **Pag. 22** https://www.google.com (*in alto*), https://en.wikiquote.org (*Dante Bronzino*); **Pag. 23** https://www.shutterstock.com; **Pag.25** https://commons.wikimedia.org; **Pag. 28** https://commons.wikimedia.org/ (*Villa torlonia*), https://en.wikipedia.org (*dipinto Holiday*); **Pag. 32** https://commons.wikimedia.org; **Pag. 35** https://www.cappuccinipietrelcina.it (*in alto*), http://www.thinglink.com (*in basso*); **Pag. 30** https://www.shutterstock.com; **Pag. 37** https://www.criptozoo.com; **Pag. 38** https://ilpesodeisogni.files.wordpress.com; **Pag. 39** https://www.successo.com; **Pag. 41** https://upload.wikimedia.org; **Pag. 42** https://upload.wikimedia.org; **Pag. 44** https://i1.wp.com; **Pag. 45** https://i1.wp.com; **Pag. 46** https://img2.tgcom24.mediaset.it; **Pag. 48** https://ilpesodeisogni.files.wordpress.com; **Pag. 50** https://www.ilroma.net; **Pag. 51** http://images.wikioo.org; **Pag.53** https://www.thevintagenews.com, **Pag. 54** https://ilpesodeisogni.files.wordpress.com (*in alto*), https://eclecticlightdotcom.files.wordpress.com (*in basso*); **Pag. 55** https://www.shutterstock.com; **Pag. 57** https://upload.wikimedia.org; **Pag. 58** https://www.shutterstock.com; **Pag. 60** https://upload.wikimedia.org; **Pag. 61** https://www.vimeo.it (*in alto a sinistra*), https://www.dailymotion.it (*in alto a destra*); **Pag. 62** https://www.youtube.com (*in alto a sinistra*), https://it.wikipedia.org (*in alto a destra*); **Pag. 64** https://ilpesodeisogni.files.wordpress.com; **Pag. 65** https://www.justwatch.com; **Pag. 66** https://it.wikipedia.org; **Pag. 69** https://upload.wikimedia.org; **Pag. 70** https://upload.wikimedia.org (*in alto*), https://commons.wikimedia.org; **Pag. 71** https://img2.tgcom24.mediaset.it (*in alto*), https://www.tate.org.uk (*in basso*); **Pag. 73** https://it.wikipedia.org; **Pag. 74** https://lorciofani.com; **Pag. 75** https://ilpesodeisogni.files.wordpress.com; **Pag. 76** https://upload.wikimedia.org; **Pag. 77** https://ca.wikipedia.org; **Pag. 78** https://ilpesodeisogni.files.wordpress.com; **Pag. 80** https://upload.wikimedia.org; **Pag. 81** https://en.wikipedia.org (*a destra*), https://www.arteopereartisti.it (*a sinistra*); **Pag. 82** https://www.arteworld.it; **Pag. 85** https://www.shutterstock.com; **Pag. 86** https://it.wikipedia.org (*in alto*); **Pag. 87** https://upload.wikimedia.org (*in basso*); **Pag. 87** https://www.shutterstock.com (*in alto e Farinata*) – **Pag. 88** https://upload.wikimedia.org; **Pag. 89** https://upload.wikimedia.org; **Pag. 92** https://en.wikipedia.org, https://www.bigodino.it; **Pag. 93** https://it.pinterest.com (*in alto*), https://upload.wikimedia.org (*in basso*); **Pag. 94** https://upload.wikimedia.org (*in alto*), http://www.benitomovieposter.com (*in basso*); **Pag. 96** http://casavacanze.poderesantapia.com; **Pag. 97** https://upload.wikimedia.org; **Pag. 98** https://www.shutterstock.com; **Pag. 99** https://trivulziana.milanocastello.it (*De Monarchia*), https://iannozzigiuseppe.files.wordpress.com (*Pertini*); https://www.arteopereartisti.it; **Pag. 101** https://www.sky.com; **Pag. 102** https://www.shutterstock.com (*in alto*), https://basilicamariaausiliatrice.it (*in basso*); **Pag. 103** https://upload.wikimedia.org, **Pag. 104** https://www.ilmeridianonews.it; **Pag. 105** https://theplaylist.net; **Pag. 106** https://www.shutterstock.com; **Pag. 107** https://www.shutterstock.com; **Pag. 108** https://www.shutterstock.com (*in alto*), http://news.unipv.it (*in basso*); **Pag. 109** https://upload.wikimedia.org; **Pag. 110** https://upload.wikimedia.org; **Pag. 111** https://upload.wikimedia.org; **Pag. 112** https://digital.bodleian.ox.ac.uk (*in alto*), https://commons.wikimedia.org/ (*in basso*); **Pag. 113** https://www.globalist.it; **Pag. 115** https://www.imdb.com; **Pag. 117** https://upload.wikimedia.org; **Pag. 118** https://creativita.forumfree.it (*in alto*), https://www.broadwayplaypub.com (*in basso*); **Pag. 119** https://www.gesteventi.com; **Pag. 120** https://www.bristol247.com (*Pinocchio*), https://www.justwatch.com (*Otello*); **Pag. 121** https://www.doppiozero.com (*in alto*), https://it.wikipedia.org (*in basso*); **Pag. 122** https://commons.wikimedia.org; **Pag. 123** https://upload.wikimedia.org; **Pag. 124** https://ny.wikipedia.org (*Marco Polo*), http://foranastasis.over-blog.it (*Leonardo giovane*), https://upload.wikimedia.org (*ritratto Leonardo*); **Pag. 125** https://it.pinterest.com; **Pag. 128** https://upload.wikimedia.org; **Pag. 130** https://upload.wikimedia.org; **Pag. 131** https://medium.com (*in alto*), https://en.wikipedia.org (*in basso*); **Pag. 133** http://scientificwolf.com (in alto), https://www.shutterstock.com (*timer*), https://www.shutterstock.com (*a destra*) ; **Pag. 134** https://wetheitalians.com (*in alto*), https://upload.wikimedia.org (*in basso*); **Pag. 135** https://sguardoasion.com; **Pag. 136** https://ladaria.livejournal.com; **Pag. 137** https://jessbarga.files.wordpress.com (*a destra*); https://faniacgallery.tumblr.com (*a sinistra*); **Pag. 139** https://viaggiverdeacido.com; **Pag. 140** http://polisemantica.blogspot.com (*in alto*), https://en.wikipedia.org (*Gigas*), https://www.arteopereartisti.it (*Giotto*); Pag. 141 https://en.wikipedia.org, **Pag 141** https://en.wikipedia.org; **Pag. 142** https://en.wikipedia.org; **Pag. 144** https://upload.wikimedia.org; **Pag. 145** https://thevision.com; **Pag. 146** https://kaa.wikipedia.org; **Pag. 147** https://upload.wikimedia.org.